普通高等学校应用型教材

会 计

U0794717

基础会计实训教程

主 编 廉秋英

副主编 宗文龙

中国人民大学出版社

· 北京 ·

前　言

会计学是一门应用性和操作性很强的学科，这要求会计学科要以培养应用型人才作为会计教育的目标，重视对学生实践动手能力的培养和训练，高度重视实践环节的教学。为培养社会经济建设需要的，具备扎实会计理论基础、较强专业知识和动手能力的高素质应用型会计专业人才，提高学生的会计实务操作能力，我们编写了本书。在学习了会计的基本理论知识后，开设会计实验课程，不仅能够检验会计理论课程的学习情况，而且能够进一步巩固会计核算的基本方法，为学习后续专业课程打下坚实的基础。

本书以最新企业会计准则和税收法规为依据，所用实训业务与案例取材于企事业单位会计实际业务，所用原始票据、会计账簿与报表等实验素材尽可能做到高度仿真，旨在为学生提供一个真实的会计实践操作环境，实现与实际工作的无缝对接。通过对本书的学习，参加实训的学生可在模拟的环境下接受系统训练，掌握会计工作的基本程序和方法，快速提升会计实务的基本技能和实际操作能力，提高就业竞争力。

本书的主要特点如下：

（1）内容贴合实际，具有时效性。按照最新会计准则和税收法规编写相关内容。

（2）内容设计具有独特性。本书将实验内容设计为会计单项实验、综合实验和会计实务案例①三部分。会计单项实验的各部分内容可单独使用；综合实验以一家制造企业某一会计期间的经济业务为背景，按照会计核算流程，对其全部核算资料进行加工和整理，形成一系列典型的仿真会计实训业务；会计实务案例选取了五个与实操业务相关的典型案例加以分析。这一体系设计为教师在使用本书过程中根据课时实际情况安排教学任务提供了便利。

（3）实验资料配套完整。本书配有完整的实验专用账簿，包括专用凭证、账页、报表、实验报告等实验资料，可以节省教师和学生零星采购实验耗材的烦恼。

（4）资源丰富。本书配备教师专用资源，含教学大纲、教学课件、案例解析、各章节实验业务参考答案。

本书编写者长期承担会计实验课程的教学任务，具有丰富的实验教学经验和会计实

---

① 会计实务案例内容放在教师专用资源中。

践工作经验。本书以实验单元为引导，具有实用性、针对性和可操作性强的特点。全书共分为三部分内容。第一部分为会计单项实验，包括会计基础书写规范实验、会计凭证实验、银行业务实验、会计账簿实验、错账更正实验、财产清查实验、会计报表实验。单项实验注重对会计工作单个环节的训练。通过该部分实验，学生对会计信息的载体及会计信息的来源会有较全面的了解和认识，掌握会计业务各环节的处理方法。第二部分为综合实验。第三部分为会计实务案例。本书适用于本专科院校的会计学专业、经济管理类专业及会计人员岗前培训教学使用。

本书由中央财经大学廉秋英副教授（第 1、2、3、4、7、8 章以及会计实务案例部分）、宗文龙教授（第 5、6 章）编写，全书由廉秋英任主编并负责总纂定稿。

在本书的编写过程中，参考和借鉴了一些相关专家的研究成果，得到了中国人民大学出版社高文鑫老师的大力支持，在此表示衷心感谢！由于作者水平有限，加之会计、税收法律法规变化较快，教材内容难免有不足之处，恳请读者提出改进意见，便于我们进一步修订和完善。

目　录

第一篇　会计单项实验

第二篇　综合实验

第一篇　会计单项实验

第1章

会计基础书写规范实验

【实验目标】

通过本部分实验，学生应掌握会计基础书写的基本方法，能够熟练地运用到具体会计工作中，做到书写规范、清晰、美观。

【实验要求】

1. 按照标准写法进行书写练习，直至书写规范、正确、流畅。

2. 会计凭证、会计账簿的书写内容可由指导教师提供资料，也可让学生自己根据所学理论知识选择练习。

【实验内容与指导】

依据财政部制定的《会计基础工作规范》的要求，填制会计凭证，字迹必须清晰、工整，并符合要求。

一、阿拉伯数字的书写要求

（1）每个数字要大小匀称，笔画流畅；每个数字独立有形，使人一目了然，不能连笔书写。

（2）书写排列有序且字体要自右上方向左下方倾斜地写（数字通常与底线呈60°倾斜）。

（3）书写的每个数字要贴紧底线，但上不可顶格。一般每个格内数字占1/2或2/3的位置，要为更正数字留有余地。

（4）会计数字书写时，应从左至右，笔画顺序是自上而下，先左后右，防止写倒笔字。

（5）同行的相邻数字之间要空出半个阿拉伯数字的位置，但也不可预留间隔（以不能增加数字为好）。

(6) 除“4”“5”以外数字，必须一笔写成，不能人为地增加数字的笔画。

(7)“6”字要比一般数字向右上方长出 1/4，“7”和“9”字要向左下方（过底线）长出 1/4。

(8) 对于易混淆且笔顺相近的数字，在书写时，尽可能地按标准字体书写，区分笔顺，避免混同，以防涂改。例如：“1”不可写得过短，要保持倾斜度，将格子占满，这样可防止改写为“4”“6”“7”“9”；书写“6”时要顶满格子，下圆要明显，以防止改写为“8”；“7”“9”两字的落笔可延伸到底线下面；“6”“8”“9”“0”的圆必须封口。

阿拉伯数字参考字体如图 1-1 所示。

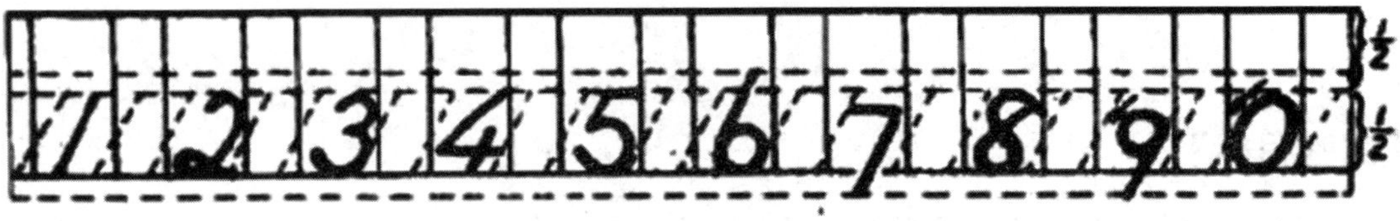

图 1-1　阿拉伯数字书写示例图

二、汉字大写数字的书写要求

(1) 汉字大写金额数字，一律用正楷或行书体书写，不得连笔书写。

(2) 汉字大写数字用零、壹、贰、叁、肆、伍、陆、柒、捌、玖、拾、佰、仟、万、亿等易于辨认、不易涂改的字样，不得用 0、一、二、三、四、五、六、七、八、九、十等简化字代替，不得任意自造简化字。

(3) 字体要各自成形，大小均衡，排列整齐，字迹工整、清晰。

三、大小写金额的书写规范

(一) 小写金额的书写规范

1. 小写金额在没有分割线的账表凭证上的书写规范

(1) 书写与数位相结合。阿拉伯数字书写时与数位相结合，每个数字都要占据一个位置，每一个位置表示不同的单位，单位从左到右由高位到低位排列。书写时应从左到右写出各位数字，不得连写。例如，壹佰叁拾陆，应写为：“136”。如果某一个数位一个计数单位都没有，就写出一个“0”来表示。例如，叁仟玖佰零捌，应写为：“3 908”。

(2) 人民币符号“¥”的使用。在填制原始凭证时，小写金额前一般均应冠以人民币符号“¥”，币种符号与阿拉伯金额数字之间不得留有空白。凡在阿拉伯金额数字前面写有币种符号的，数字后面不再写货币单位（如人民币“元”）。在登记账簿、编制会计报表时，不能使用“¥”符号。

（3）金额角、分的写法。在无金额分位格的凭证上，所有以元为单位的阿拉伯数字，除表示单价等情况外，一律写到角、分。无角、分的，角位和分位可以写为“00”，或符号“—”，有角无分的，分位应写为“0”，不能用“—”代替。例如，人民币陆拾柒元整，可以写作“¥67.00”，也可以写作“¥67.—”；人民币玖拾陆元柒角整，应写作“¥96.70”，而不能写作“¥96.7—”。

2. 小写金额在有分割线的账表凭证上的书写规范

（1）一般有分割线的账表凭证的金额栏印有分位符，元位前每三位印一组线代表分节号，元位与角位之间的粗红线则代表小数点，记账时不要加分节号或小数点。例如，“¥2964.08”，即为人民币贰仟玖佰陆拾肆元零捌分。

（2）从最高位起，以后各格必须写完，对应固定的位数填写，不得错位。

（3）数字写错需要进行更正时，不论写错的数字是一个还是几个，都应该用红笔划单横线，将写错的数字全部划销，并在红线处加盖经手人的人名章，然后在划线上方填写正确的数字。

（二）大写金额的书写规范

（1）“人民币”与数字之间不得留有空位。有固定格式的重要单证，大写金额栏一般都印有“人民币”字样，大写金额应紧挨在“人民币”后面书写，不得留有空位。未印有“人民币”字样，应加填“人民币”字样。

（2）“整”字或者“正”字的用法。汉字大写金额数字到元或角为止的，在“元”或“角”之后，应写“整”或“正”字；大写金额数字有分的，分字后面不应写“整”字或者“正”字。

（3）“零”的写法。

① 数字尾部是“0”的，不管一个还是连续几个，汉字大写到非零数位后，只用一个“整”字或者“正”字结尾，不再用“零”来表示。例如，“¥286.70”，汉字大写金额应写成“人民币贰佰捌拾陆元柒角整”。

② 数字中间有“0”时，大写金额要写“零”字。例如，“¥106.70”，汉字大写金额应写成“人民币壹佰零陆元柒角整”。金额数字中间连续有几个“0”时，汉字大写金额中可以只写一个“零”字。例如，“¥1 008.65”，汉字大写金额应写成“人民币壹仟零捌元陆角伍分”。金额数字元位为“0”，或数字中间连续有几个“0”，元位也是“0”，但角位不是“0”时，汉字大写金额可只写一个“零”字，也可不写“零”字。

③ 壹拾几的“壹”字的用法。拾字代表数位，不是数字。例如，“¥560 016.00”，应写成“人民币伍拾陆万零壹拾陆元整”。

④ 在凭证上，大写金额前面如有空位，可用“⊗”注销。例如，“¥1 006.24”，汉字大写金额应写成“人民币⊗壹仟零陆元贰角肆分”。

四、日期的大写规则

在会计工作中，经常要填写支票、汇票和本票，这些票据的出票日期必须使用中文大写。为了防止变造票据的出票日期，在填写月、日时，月为 1 月至 9 月和 10 月的，日为 1 日至 9 日、10 日、20 日、30 日的，应在其前面加“零”，如 1 月应写作零壹月，9 日应写作零玖日；日为 11 日至 19 日的，应在其前面加“壹”，如 12 日，应写成“壹拾贰日”。10 月 30 日，应写成“零壹拾月零叁拾日”；有年份的，将年份改为大写，如 2023 年 4 月 9 日，应写成“贰零贰叁年零肆月零玖日”。

【实验练习】

练习一　对照范例书写以下阿拉伯数字

1	2	3	4	5	6	7	8	9	0

练习二　汉字书写练习

零	壹	贰	叁	肆	伍	陆	柒	捌	玖	拾	佰	仟	万	亿	元	角	分	整
零	壹	贰	叁	肆	伍	陆	柒	捌	玖	拾	佰	仟	万	亿	元	角	分	整

练习三　小写数字转换大写数字练习

小写数字	大写数字
24 675	
382 607	
6 000 816	
12 345 678	
48 300	

练习四　大小写金额的读写与转换

(1) 请将下列小写金额转换为大写金额。

小写金额	大写金额
￥18.18	
￥6 800 000.00	
￥502.05	
￥201 807.00	
￥9 706.50	

(2) 请将下列大写金额转换为小写金额。

大写金额	小写金额
人民币陆佰肆拾捌元伍角贰分	
人民币伍拾元整	
人民币柒仟万元整	
人民币捌分	
人民币肆拾万叁仟零贰拾元零陆分	
人民币贰佰万零壹拾伍元伍角整	

练习五　大写日期书写练习

要求：请写出下列日期的大写。

小写日期	大写日期
1 月 10 日	
5 月 15 日	
10 月 30 日	
11 月 18 日	
2023 年 4 月 8 日	

练习六　更正书写错误

(1) 指出下列各大写数字及数位词在会计票据书写上的正确与错误（认为正确的在括号内打“√”，不正确的在字旁括号内写上正确的字）。

壶（　　）　贰（　　）　参（　　）　肆（　　）　五（　　）
陆（　　）　柒（　　）　柴（　　）　染（　　）　捌（　　）
玖（　　）　玫（　　）　拾（　　）　零（　　）　伯（　　）
佰（　　）　千（　　）　仟（　　）　壹（　　）　万（　　）
亿（　　）　乙（　　）　角（　　）　元（　　）　伍（　　）

（2）下列各题都没按正确规则书写，请在各题后面按正确规则分别写出大写与小写。

①人民币拾元整 ￥

②伍拾玖元整 ￥

③人民币陆仟零零贰元 ￥

④人民币 76.00 元 ￥

⑤人民币肆元陆角 ￥

⑥人民叁元整 ￥

⑦人民币伍仟元 ￥

⑧人民币五十六元 ￥

⑨人民币伍元 ￥

⑩人民币零点柒元整 ￥

第2章

会计凭证实验

【实验目标】

通过本部分实验，使学生了解原始凭证、记账凭证的基本要素，掌握原始凭证和记账凭证的会计书写技能，熟练掌握填制各种常用的外来及自制原始凭证的技能，掌握各种记账凭证的填制，并能够审核各种原始凭证和记账凭证。

【实验要求】

1. 了解原始凭证的种类并正确填制原始凭证。

2. 了解记账凭证的种类及基本内容，熟练掌握收款凭证、付款凭证和转账凭证的具体填制方法。

3. 根据实验资料，编制记账凭证。

【实验内容与指导】

本部分内容以北京蓝鸟家具有限公司 2023 年 12 月份发生的部分业务为例，请正确填制原始凭证和记账凭证。（开户行为北京银行中关村支行，账号 789002789126。）

一、原始凭证的填制

（一）借款单的填制

企业职工因出差或其他原因向企业借款，须填制借款单。借款单可作为职工的借据、企业与职工之间结算的依据及企业记账的依据。凡借用公款时必须填写借款单。

借款单的填制方法：借款人将借款单中的借款日期、借款事由、借款金额填好后，在借款人处签字；再由本单位负责人审批，同意后签字；然后交财务主管核批并签字；最后交由出纳人员支取现金。

【例 2-1】 12 月 3 日，采购部职工李敏预借差旅费 6 000 元，如图 2-1 所示。

借　款　单

2023 年 12 月 3 日

借款单位：采购部李敏			
借款理由：预借差旅费			
借款数额：人民币（大写）陆仟元整　　　　￥6000.00			
领导批示	财务负责人	借款部门负责人	借款人
同意　王刚	陈志国	张新	李敏

图 2－1

（二）收据的填制

企业因相关业务而向单位和个人收取款项时，须开具收据。收据一般为一式三联，第一联为存根联；第二联为收据联，交付款人作为付款凭证；第三联为记账联，交财务部门据以记账。收据由出纳人员负责填写，并按顺序编号使用。

填制收据时，应填制收款日期、交款单位或交款人名称、交款原因、大小写金额，加盖印章，并由收款人、交款人签字或盖章。会计实务中收据一般一式多联并用蓝色圆珠笔复写。

【例 2－2】12 月 6 日，职工翟新宇归还借款 4 000 元，如图 2－2 所示。

收　款　收　据

№ 00032

2023 年 12 月 3 日

今收到　翟新宇

人民币（大写）：肆仟元整　　　　（小写）￥4000.00

收款事由：归还借款　　　　库存现金

支票第　　　号

北京蓝鸟家具有限公司　财务专用章

二交收款方

单位盖章：　　会计：李蕾　　出纳：张悦　　经手人：翟新宇

图 2－2

（三）增值税发票的填制

增值税发票包括增值税专用发票、增值税普通发票和机动车销售统一发票等，下面介绍前两种。

1. 增值税专用发票

增值税专用发票是增值税一般纳税人销售货物、劳务、服务、无形资产和不动产向付款人开具的发票。一般纳税人在销售货物或者提供应税劳务而不能开具增值税专用发票时，也可以使用增值税普通发票。增值税小规模纳税人不得开具增值税专用发票。

增值税专用发票的填制方法：

（1）一般纳税人应通过增值税防伪税控系统领购、开具、缴销、认证纸质专用发票及其相应的数据电文使用专用发票。

（2）开具专用发票应一次性将各联次套写，不得将各联次分别填写。专用发票由基本联次或者基本联次附加其他联次构成，基本联次为三联：记账联、抵扣联和发票联。记账联，作为销售方核算销售收入和增值税销项税额的记账凭证；抵扣联，作为购买方报送主管税务机关认证和留存备查的凭证；发票联，作为购买方核算采购成本和增值税进项税额的记账凭证；其他联次用途，由一般纳税人自行确定。

（3）按发票号码顺序使用发票，套写字迹清楚，不得涂改、挖补，作废发票应加盖“作废”戳记，并将原有各联附在存根联上。已用发票的存根应保存好，以备税务部门查验。

（4）填写内容齐全。开票日期按阿拉伯数字填写；货物或应税劳务名称、规格型号、计量单位、数量、税率按实际情况填写；金额为不含税销售额；税额、价税合计应计算准确。

（5）购、销货单位信息填写完整。包括：购销双方的单位名称、税务登记代码、地址、电话、开户银行及账号，并在发票联合抵扣联上加盖销货单位发票专用章。

【例 2-3】 12 月 8 日，销售家具 10 套，单价 1 280 元，价款 12 800 元，增值税率 13%，增值税额 1 664 元，货款尚未收到。参见图 2-3。

011002300304　　北京增值税专用发票　　№ 00437872

机器编号：499939348456　　此联不作报销、扣税凭证使用　　开票日期：2023 年 12 月 08 日

购买方	名　　称：北京市大华公司 纳税人识别号：110108101434582 地 址、电 话：海淀区学院南路 65 号　828400221 开户行及账号：工行万泉庄分理处　098200-41				密码区	+8*3*<9<-0-09-2906+<0+78-62 -6738024+/13515679>625>4+59 9/>8-*6/+>6256-/9-2816++0+5 8-+<345309448/5+42573590-9/	
货物或应税劳务、服务名称	规格型号	单位	数量	单价	金额	税率	税额
家具		套	10	1280.00	12800.00	13%	1664.00
合　计					¥12800.00		¥1664.00
价税合计（大写）	⊗ 壹万肆仟肆佰陆拾肆元整				（小写）¥14464.00		
销售方	名　　称：北京蓝鸟家具有限公司 纳税人识别号：110108101893276 地 址、电 话：海淀大街 25 号 010-28798832 开户行及账号：北京银行中关村支行：789002789126				备注	北京蓝鸟家具有限公司 发票专用章	

收款人：王红　　复核：陈鑫和　　开票人：曹俊杰　　销售方：（章）

第一联：记账联　销售方记账凭证

图 2-3

税控机开具增值税专用发票的要求与手工开具发票的要求基本相同，税控发票一式七联。

2. 增值税普通发票

（1）购买方为企业的，索取增值税普通发票时，应向销售方提供纳税人识别号或统一社会信用代码；销售方为其开具增值税普通发票时，应填写单位或个人全称，并在

“购买方纳税人识别号”栏填写购买方的纳税人识别号或统一社会信用代码。

（2）销售方开具发票时，发票内容应按照实际销售情况如实开具，不得根据购买方要求填开与实际交易不符的内容。销售方开具发票时，通过销售平台系统与增值税发票税控系统后台对接，导入相关信息开票的，系统导入的开票数据内容应与实际交易相符，如不相符应及时修改完善销售平台系统。

（3）小写金额栏最后一行，不得开具项目内容，只可填写小写合计，小写合计金额未达到最高金额的，必须以“¥”封口；达到最高金额的，不用封口。

（4）大写金额栏开票金额未达到最高金额的，必须以⊗填充。金额“壹、贰、叁、肆、伍、陆、柒、捌、玖、拾、佰、仟、万、亿、元、角、分、零”一律用正楷字体填写。

（5）若金额栏无分隔线或字，大写前面紧靠“人民币”三字，后面到元或角结束的应写“整”或“正”字，到分的不写“整”字；小写前面紧靠“¥”，后面应该有小数点，不写“元”字。

（6）开具发票应当按照规定的时限、顺序，逐栏、全部联次一次性如实开具，并加盖单位发票专用章。

（7）规格型号、单位、数量、单价这四项内容是反映所销商品和服务项目具体面貌的，必须齐全地填写清楚，不得遗漏。

（8）开票人必须认真填写其姓名或盖私章，不能不填或只填姓或名，或只填工号。

（9）其他要求以《中华人民共和国发票管理办法实施细则》规定和普通发票封面“开票须知”为准。

【例2-4】12月8日，收到增值税普通发票一张，系北京展览馆展销费5 000元，如图2-4所示。

011002300304　　**北京增值税普通发票**　　№ 03984986

机器编号：927013339162　　（印章：国家税务总局 北京市税务局）　发票联

开票日期：2023年12月08日

购买方	名　　称：北京蓝鸟家具有限公司 纳税人识别号：110108101893276 地 址、电 话： 开户行及账号：	密码区	+8*3*<9<-0-09-2906+<0+78-62 -6738024+/13515679>625>4+59 9/>8-*6/+>6256-/9-2816++0+5 8-+<345309448/5+42573590-9/

货物或应税劳务、服务名称	规格型号	单位	数量	单价	金额	税率	税额
展览费		场	1	4854.37	4854.37	3%	145.63
合　计					¥4854.37		¥145.63
价税合计（大写）	⊗ 伍仟元整				（小写）¥5000.00		

销售方	名　　称：北京展览馆 纳税人识别号：110108101782354 地 址、电 话：西直门外大街135号 010-57960035 开户行及账号：工商银行西外支行；607002786236	备注	（印章：北京展览馆 110108101782354 发票专用章）

收款人：王红　　复核：陈鑫和　　开票人：曹俊杰　　销售方：（章）

第三联：发票联　购买方记账凭证

图2-4

二、记账凭证的填制

（一）记账凭证的填制要求

记账凭证的填制应符合下列要求：

（1）日期的填写。现金收付款凭证的日期根据办理收付现金的日期填写；银行付款业务的记账凭证，一般以财务部门开出付款单据的日期或承付的日期填写；银行收款记账凭证，一般按银行进账单或银行受理回执的戳记日期填写；月末转账业务，按当月最后一天的日期填写。

（2）摘要的填写。摘要应与原始凭证内容一致，能正确反映经济业务的主要内容，表述简单精练，简明扼要，书写整洁。

（3）会计科目的填写。会计科目应填写会计科目的全称或会计科目的名称和编号，不得简写或只填会计科目的编号而不填名称。需填明细科目的，应在“明细科目”栏填写明细科目的名称。

（4）金额的填写。记账凭证的金额必须与原始凭证的金额相符；阿拉伯数字的填写要规范；“合计”行应填列合计金额，并在合计金额数字前填写货币符号“￥”。一笔经济业务因涉及会计科目较多，需填写多张记账凭证的，只在最末一张记账凭证的“合计”行填写合计金额。

（5）记账凭证附件张数的计算。填制记账凭证，可以根据每份原始凭证单独填制，也可根据同类经济业务的多份原始凭证汇总填制，还可根据汇总的原始凭证来填制。不同类型业务的原始凭证，不能混同编制一张记账凭证。除结账和更正错误的记账凭证可以不附原始凭证之外，其他记账凭证必须附有原始凭证。附件张数的计算方法有两种：一是按构成记账凭证金额的原始凭证计算张数；二是以所附原始凭证的自然张数为准，即凡与经济业务内容相关的每一张凭证，都作为记账凭证的附件。凡属收付款业务的，原始凭证张数计算均以自然张数为准。但对差旅费、市内交通费、医疗费等报销单，可贴在一张纸上，作为一张原始凭证附件。

附件张数应用阿拉伯数字填写。对简单的摊提转账业务，可以在摘要栏注明计算依据，而不经过分摊或计算的结转类转账凭证可不附原始凭证。

当一张或几张原始凭证涉及几张记账凭证时，可将原始凭证附在一张主要的记账凭证后面，在摘要栏说明“本凭证附件包括××号记账凭证业务”的字样，在其他记账凭证上注明“原始凭证在××号记账凭证后面”的字样。记账凭证上应注明所附的原始凭证张数，以便查核。如果根据同一原始凭证填制数张记账凭证，则应在未附原始凭证的记账凭证上注明“附件××张，见第×号记账凭证”。如果原始凭证需要另行保管，则应在附件栏目内加以注明。

如果一张原始凭证所列支出需要几个单位共同负担的，应根据其他单位负担的部分开给对方原始凭证分割单进行结算，并将该原始凭证及分割单副本附在记账凭证后面。

（6）记账凭证的编号。在使用通用记账凭证时，可按经济业务发生的顺序编号。采用收、付、转凭证时，可以按现金收付、银行存款收付和转账业务三种类别编号，即“现字第×号”“银字第×号”“转字第×号”；也可以按现金收入、现金支出、银行存款收入、银行存款支出和转账五类进行编号，即“现收字第×号”“银收字第×号”“现付字第×号”“银付字第×号”“转字第×号”。各单位应当根据本单位业务繁简程度、人员多少和分工情况来选择便于记账、查账、内部稽核、简单严密的编号方法。无论采用哪一种编号方法，都应该按月顺序编号，即每月都从 1 号编起，顺序编至月末。如一笔经济业务，需要编制多张记账凭证时，应按顺序采用“带分数编号法”，如 1/2、2/2。

（二）记账凭证的填制

1. 专用记账凭证的填制

【例 2-5】 12 月 10 日，蓝鸟公司收到投资者李明投资款 200 000 元，已存入银行。编制收款凭证，见图 2-5。

收　款　凭　证

借方科目：银行存款　　　　2023 年 12 月 10 日　　　　收字第 25 号

摘　要	贷方总账科目	明细科目	记账√	千	百	十	万	千	百	十	元	角	分
收投资款	股本	李明				2	0	0	0	0	0	0	0
合计					¥	2	0	0	0	0	0	0	0

附单据 1 张

财务主管　　记账　　出纳 张悦　　审核 王海　　制单 赵志刚

图 2-5

【例 2-6】 12 月 13 日，蓝鸟公司报销张华办公费 900 元，以现金支付。编制付款凭证，见图 2-6。

【例 2-7】 12 月 15 日，蓝鸟公司生产车间加工 A 产品领用甲材料 10 张，价值 2 600 元。编制转账凭证，见图 2-7。

2. 通用记账凭证的填制

【例 2-8】 万方公司 12 月 18 日购进甲材料 200 千克，金额 20 000 元，增值税 2 600 元，签发转账支票一张。该公司采用通用记账凭证。编制记账凭证，见图 2-8。

付　款　凭　证

贷方科目：库存现金　　　　2023 年 12 月 13 日　　　　付字第 29 号

摘　要	借方总账科目	明细科目	记账√	金额 千	百	十	万	千	百	十	元	角	分
支付办公费	管理费用	办公费							9	0	0	0	0
合计								¥	9	0	0	0	0

附单据 1 张

财务主管　　记账　　出纳 张悦　　审核 王海　　制单 赵志刚

图 2-6

转　账　凭　证

2023 年 12 月 15 日　　　　转字第 32 号

摘　要	总账科目	明细科目	记账√	借方金额 千	百	十	万	千	百	十	元	角	分	记账√	贷方金额 千	百	十	万	千	百	十	元	角	分
生产领料	生产成本	A产品						2	6	0	0	0	0											
	原材料	甲材料																	2	6	0	0	0	0
合计							¥	2	6	0	0	0	0					¥	2	6	0	0	0	0

附单据 1 张

财务主管　　记账　　出纳　　审核 王海　　制单 赵志刚

图 2-7

记　账　凭　证

2023 年 12 月 18 日　　　　第 28 号

摘　要	总账科目	明细科目	记账√	借方金额 千	百	十	万	千	百	十	元	角	分	记账√	贷方金额 千	百	十	万	千	百	十	元	角	分
购进材料	原材料	甲材料					2	0	0	0	0	0	0											
	应交税费	应交增值税（进项税额）						2	6	0	0	0	0											
	银行存款																	2	2	6	0	0	0	0
合计						¥	2	2	6	0	0	0	0				¥	2	2	6	0	0	0	0

附单据 1 张

财务主管　　记账　　出纳 李欣蕊　　审核 陈建军　　制单 张玉兰

图 2-8

【实验练习】

一、实验资料

1. 模拟企业基本情况

企业名称：北京艺博有限公司

企业地址：北京市海淀区中关村大街38号

邮政编码：100080

联系电话：68865796

开户银行：中国工商银行中关村支行

银行账号：100894624

纳税人类别：增值税一般纳税人

执行税率：增值税13%

纳税人识别号：110108101498621

法人代表：张新华

财务经理：秦政　　出纳：王红

会计人员：张洁、王力、张宏伟

原材料采用实际成本核算。

2. 12月初账簿资料

北京艺博有限公司2023年12月1日现金日记账余额为2 000元，银行存款日记账余额为120 000元，“原材料”和“应收账款”总账及所属明细账的期初余额如下：

“原材料”总账期初借方余额200 000元，所属明细账的借方余额为：甲材料2 000吨，单价60元，金额120 000元；乙材料400吨，单价20元，金额8 000元。

“应收账款——北京星火公司”期初借方余额10 000元。

3. 模拟期间经济业务情况

该公司12月份发生下列经济业务：

(1) 1日，用银行存款47 460元从北京大地公司购入材料一批，其中：甲材料500吨，单价60元，价款30 000元，增值税3 900元；乙材料600吨，单价20元，价款12 000元，增值税1 560元；签发转账支票一张付讫全部货款。材料已运到并验收入库。见本章附件中原始凭证1－1/3、1－2/3和1－3/3。

(2) 2日，从银行提现金50 000元备发工资。见原始凭证2－1/1。

(3) 2日，以现金发放职工工资50 000元。见原始凭证3－1/1。

(4) 10日，收到银行通知，北京星火公司还购货欠款10 000元。见原始凭证4－1/1。

(5) 15日，从银行提取现金20 000元备用。见原始凭证5－1/1。

(6) 20日，市场营销部采购员游历出差去上海，借支差旅费5 000元，以现金付讫。见原始凭证6－1/1。

（7）25 日，游历出差回来报销差旅费 4 500 元，余款交回。见原始凭证 7－1/1。

（8）25 日，向北京东方红公司出售商品一批，开出增值税专用发票：A 产品 1 000 件，单价 20 元，价款 20 000 元，增值税 2 600 元；B 产品 3 000 件，单价 10 元，价款 30 000 元，增值税 3 900 元；收到转账支票一张送存银行。（北京东方红公司地址：海淀区五道口路 65 号。纳税人登记号：110108106931253。开户银行：中国工商银行五道口支行。账号：24695210。）见原始凭证 8－1/3、8－2/3、8－3/3。

二、实验要求

根据上述实验资料，完成如下会计凭证实验。

（1）填制原始凭证 1－2/3、5－1/1。

（2）编制第 1～8 号记账凭证。

附件：原始凭证

1－1/3

电子发票（增值税专用发票）

国家税务总局 北京市税务局

发票号码　23117000000339763465
开票日期：2023 年 12 月 01 日

购买方信息　名　称：北京艺博有限公司 统一社会信用代码/纳税人识别号：110108101498621	销售方信息　名　称：北京大地公司 统一社会信用代码/纳税人识别号：92110102MA00TM1NXP

项目名称	规格型号	单位	数量	单价	金额	税率/征收率	税额
甲材料		吨	500	60.00	30000.00	13%	3900.00
乙材料		吨	600	20.00	12000.00	13%	1560.00
合　计					¥42000.00		¥5460.00

价税合计（大写）　ⓧ肆万柒仟肆佰陆拾元整　（小写）¥47460.00

备注

开票人：李红

1－2/3

中国工商银行 转账支票存根（京）	中国工商银行 转账支票（京）
Ⅱ78508601	Ⅱ78508601
附加信息	出票日期（大写）　年　月　日　付款行名称：
	收款人：　出票人账号：
出票日期 2023 年 12 月 1 日	人民币（大写）　亿 千 百 十 万 千 百 十 元 角 分
收款人：北京大地公司	用途　密码
金　额：¥47460.00	上列款项请从我账户内支付　行号
用　途：付材料款	出票人签章　复核　记账
单位主管：秦政　会计：王红	本支票付款期限十天

（印章：博有限公司 财务专用章）（印章：张新华印）

1－3/3

材料入库单

仓库名称：原材料库　　　　2023 年 12 月 1 日　　　　№：20110701

名称	规格	单位	数量		单价	金额	运杂费	金额合计	发货单位
			应收	实收					
甲材料		吨	500	500	60	30000		30000	
乙材料		吨	600	600	20	12000		12000	
合计			—	—		42000.00		42000.00	

第二联　记账联

仓库主管：　　　　记账：　　　　验收：张力　　　　采购：赵伟

2－1/1

中国工商银行
现金支票存根（京）

Ⅱ78505601

附加信息

出票日期 2023 年 12 月 02 日

收款人：	北京艺博有限公司
金　额：	¥50000.00
用　途：	备发工资

单位主管：秦政　会计：王红

3－1/1

工资结算汇总表

2023年12月2日　　　　单位：元

部门	应付工资			代扣款项		实发工资
	标准工资	奖金、津贴	合计	个人所得税	小计	
车间生产工人	20000		20000			20000
车间管理人员	10000		10000			10000
行政管理部门	12000		12000			12000
销售部门	8000		8000			8000
合　计	50000		50000			50000

复核：张浩　　　　制表：王力

4－1/1

中国工商银行 电汇凭证（回单） 2

委托日期 2023 年 12 月 10 日　　　　第　　号

汇款人	全　称	北京星火公司	收款人	全　称	北京艺博有限公司
	账　号	046300-12		账　号	100894624
	汇出地点	北京市		汇入地点	北京市
汇出行名称		工行亦庄分理处	汇入行名称		工行中关村支行
金额	人民币（大写）	壹万元整		万千百十万千百十元角分	￥1000000
汇款用途：还款			汇出行盖章		
上列款项已根据委托办理，如需查询，请特此回单来进行面洽					
单位主管　会计　出纳　记账					2023 年 12 月 10 日

中国工商银行北京市分行
亦庄分理处
办讫章

此联汇出行给收款人的收款凭证

5－1/1

中国工商银行
现金支票存根（京）
II 78508602
附加信息

出票日期 2023 年 12 月 13 日

收款人：北京艺博有限公司	
金　额：¥20000.00	
用　途：备用金	

单位主管：秦政 会计：王红

本支票付款期限十天

中国工商银行　现金支票（京）　II 78508602

出票日期（大写）　　年　　月　　日　付款行名称：
收款人：　出票人账号：

人民币（大写）	亿	千	百	十	万	千	百	十	元	角	分

用途　密码
上列款项请从　行号
我账户内支付
出票人签章　复核　记账

北京艺博有限公司 财务专用章

张新华印

6－1/1

借　　款　　单

2023 年 12 月 20 日

借款单位：市场营销部			
借款理由：上海出差			
借款数额：人民币（大写）伍仟元整　¥5000.00			
领导批示	财务负责人	借款部门负责人	借款人
同意　王军		同意　张志宏	游历

7－1/1

差旅费报销单

部门：市场营销部　　　　2023年12月25日

出差人			游历						出差事由		展销会				
出发				到达				交通工具	交通费		出差补贴		其他费用		
月	日	时	地点	月	日	时	地点		单据张数	金额	天数	金额	项目	单据张数	金额
6	20		北京	6	20		上海	飞机	1	1000	5	1000	住宿费	1	1500
6	25		上海	6	25		北京	飞机	1	1000			市内车费		
													邮电费		
													办公用品费		
													其他		
合计									2	2000		1000			1500
报销总额	人民币（大写）肆仟伍佰元整								预借差旅费	¥5000			补领金额	¥	
													退还金额	¥500	

附件 3 张

主管　崔勇　　审核　张宏伟　　出纳　王红　　领款人　游历

8－1/3

01100232130

北京增值税专用发票

№　13767138

机器编号：499939349521

此联不作报销、扣税凭证使用

开票日期：2023 年 12 月 25 日

购买方		密码区	
名　　称：北京东方红公司 纳税人识别号：110108106931253 地 址、电 话：海淀区五道口路 65 号　96413326 开户行及账号：工行五道口支行　24695210			+7*3*<9<-0-08-2909+<0+78-35 -9838024+/13515679>627>4+60 7/>8-*6/+>8956-/9-1316++0+4 4-+<981309448/5+38573581-2/

货物或应税劳务名称	规格型号	单位	数量	单价	金额	税率	税额
*A 产品		件	1000	20.00	20000.00	13%	2600.00
*B 产品		件	3000	10.00	30000.00	13%	3900.00
合　计					¥50000.00		¥6500.00
价税合计（大写）	⊗ 伍万陆仟伍佰元整				（小写）¥56500.00		

销售方		备注	
名　　称：北京艺博有限公司 纳税人识别号：110108101498621 地 址、电 话：海淀区中关村大街 38 号　68865796 开户行及账号：工行中关村支行　100894624			北京艺博有限公司 110108101498621 发票专用章

收款人：王红　　复核：孟静　　开票人：李东林　　销售方：（章）

第一联：记账联　销售方记账凭证

8－2/3

中国工商银行　转账支票（京）　　IV V634221

本支票付款期限十天

出票日期（大写）贰零贰叁年壹拾贰月贰拾伍日　　付款行名称：工行五道口支行

收款人：北京艺博有限公司　　出票人账号：246952100

人民币（大写）	伍万陆仟伍佰元整	亿	千	百	十	万	千	百	十	元	角	分
					¥	5	6	5	0	0	0	0

用途　货款　　密码

上列款项请从　　行号

我账户内支付

出票人签章　　北京东方红公司 财务专用章　　刘建印　　复核　　记账

8－3/3

中国工商银行进账单（回单或收账通知）　1

进账日期：2023 年 12 月 25 日　　第　号

收款人	全　称	北京艺博有限公司	付款人	全　称	北京东方红公司
收款人	账　号	1008946240	付款人	账　号	24695210
收款人	开户银行	工行中关村支行	付款人	开户银行	工行五道口支行

人民币（大写）：伍万陆仟伍佰元整

千	百	十	万	千	百	十	元	角	分
	¥	5	6	5	0	0	0	0	

票据种类	转账支票
票据张数	1

主管　会计　复核　记账

中国工商银行北京市分行 五道口支行 办讫章

收款人开户银行盖章

此联是收款人开户银行交给收款人的回单或收账通知

空白记账凭证

记账凭证

年　　月　　日　　　　　　　　字第　　号

摘要	总账科目	明细科目	记账√	借方金额										记账√	贷方金额									
				千	百	十	万	千	百	十	元	角	分		千	百	十	万	千	百	十	元	角	分

附件　　张

会计主管　　　　记账　　　　出纳　　　　审核　　　　制单

记账凭证

年　　月　　日　　　　　　　　字第　　号

摘要	总账科目	明细科目	记账√	借方金额										记账√	贷方金额									
				千	百	十	万	千	百	十	元	角	分		千	百	十	万	千	百	十	元	角	分

附件　　张

会计主管　　　　记账　　　　出纳　　　　审核　　　　制单

记账凭证

年　　月　　日　　　　　　　　字第　　号

摘要	总账科目	明细科目	记账√	借方金额										记账√	贷方金额									
				千	百	十	万	千	百	十	元	角	分		千	百	十	万	千	百	十	元	角	分

附件　　张

会计主管　　　　记账　　　　出纳　　　　审核　　　　制单

记账凭证

年 月 日 字第 号

摘要	总账科目	明细科目	记账√	借方金额										记账√	贷方金额								
				千	百	十	万	千	百	十	元	角	分		千	百	十	万	千	百	十	元	角	分

附件 张

会计主管 记账 出纳 审核 制单

记账凭证

年 月 日 字第 号

摘要	总账科目	明细科目	记账√	借方金额										记账√	贷方金额								
				千	百	十	万	千	百	十	元	角	分		千	百	十	万	千	百	十	元	角	分

附件 张

会计主管 记账 出纳 审核 制单

记账凭证

年 月 日 字第 号

摘要	总账科目	明细科目	记账√	借方金额										记账√	贷方金额								
				千	百	十	万	千	百	十	元	角	分		千	百	十	万	千	百	十	元	角	分

附件 张

会计主管 记账 出纳 审核 制单

记账凭证

年 月 日 字第 号

摘 要	总账科目	明细科目	记账√	借方金额										记账√	贷方金额								
				千	百	十	万	千	百	十	元	角	分		千	百	十	万	千	百	十	元	角	分

附件 张

会计主管 记账 出纳 审核 制单

记账凭证

年 月 日 字第 号

摘 要	总账科目	明细科目	记账√	借方金额										记账√	贷方金额								
				千	百	十	万	千	百	十	元	角	分		千	百	十	万	千	百	十	元	角	分

附件 张

会计主管 记账 出纳 审核 制单

第3章

银行业务实验

【实验目标】

本实验以北京市大华光学仪器厂有关经济业务为实验对象，主要介绍企业运行过程中与外部银行结算中发生的经济业务的具体处理方法。通过本次实验教学，学生能够熟练运用、办理银行支票、汇兑、委托收款、银行汇票和托收承付等银行结算业务，为学生从事会计实践工作奠定良好的专业技能基础。

【实验要求】

1. 了解银行支付结算方式、特点及其使用范围。

2. 掌握银行支票、汇兑、委托收款、银行汇票和托收承付等银行结算业务及其办理方法。

3. 根据原始凭证，编制记账凭证。

【实验内容与指导】

一、实验资料

（一）模拟企业概况

单位名称：北京市大华光学仪器厂

企业性质：国有企业

行　　业：工业

法人代表：王宝军

经营地址：北京市海淀区学院南路 65 号

电　　话：010 - 82840631

邮　　编：100081

开户银行：工行北太平庄支行

银行账号：046200－23
纳税人类别：一般纳税人
纳税人识别号：110108101434798
执行税率：增值税13%；城市维护建设税7%；教育费附加3%；企业所得税25%
经营范围：主要从事光学仪器的生产、销售、维修业务
主要产品：N70相机
主管国税机关：北京市税务局海淀区国税局
主管地税机关：北京市海淀区地方税务局第三分所
企业有关人员名单：
仓库主管：陈　中　　保管员：刘新华

（二）相关资料

1. 主要购货商情况

（1）深圳兴业公司。
经营地址：深圳市罗湖区怡景路4号　　电话：0755－25403656
开户银行：工行罗湖分理处　　账号：055030201023
（2）石家庄惠东有限公司。
经营地址：石家庄桥西区中华路7号　　电话：0311－5540587
开户银行：工行桥西区分理处　　账号：321515562112
（3）华北集团有限公司。
纳税人识别号：130102345098123678
经营地址：石家庄市长安东路9号　　电话：0311－5562086
开户银行：工行河北分行　　账号：854156610266
（4）北京市理光公司。
纳税人识别号：110108101365433
经营地址：北京市西城区甘家口路9号　　电话：010－86609166
开户银行：工行甘家口分理处　　账号：098300－69

2. 主要供应商情况

（1）南京荣信机电公司。
经营地址：南京市白下区常府街2号　　电话：025－6643396
开户银行：招行大厂营业部　　账号：1108020007546008
（2）上海飞达公司。
法定代表人：李强
纳税人识别号：310115607364433
经营地址：上海市浦东新区南泉路6号　　电话：021－58601999
开户银行：工行向城分理处　　账号：3－7769934

(3) 合肥市长江有限责任公司。

纳税人识别号：340208830020288

经营地址：合肥市长江路 46 号　　　　电话：0551－4846158

开户银行：工行赭山支行　　　　账号：732001260004619

(三) 会计政策与财务人员职责

(1) 会计政策和方法：商品、材料等存货核算按实际成本计价。

(2) 财务人员及其职责：李明远，财务经理；王利，稽核；张军，出纳；赵宏，制单。

(3) 凭证类别：通用记账凭证。

二、实验指导

北京市大华光学仪器厂 2023 年 11 月份发生以下银行业务。

(一) 支票

支票是由出票人签发的，委托办理支票存款业务的银行在见票时无条件支付确定的金额给收款人或持票人的票据。支票是一种委托式信用证券，分为现金支票和转账支票两种。现金支票通常用于支取现金，转账支票只能用于转账，不能用于支取现金。支票的提示付款期限自出票日起 10 日，但中国人民银行另有规定的除外。

【例 3－1】 11 月 1 日，企业提取现金 10 000 元备用。原始凭证见图 3－1。

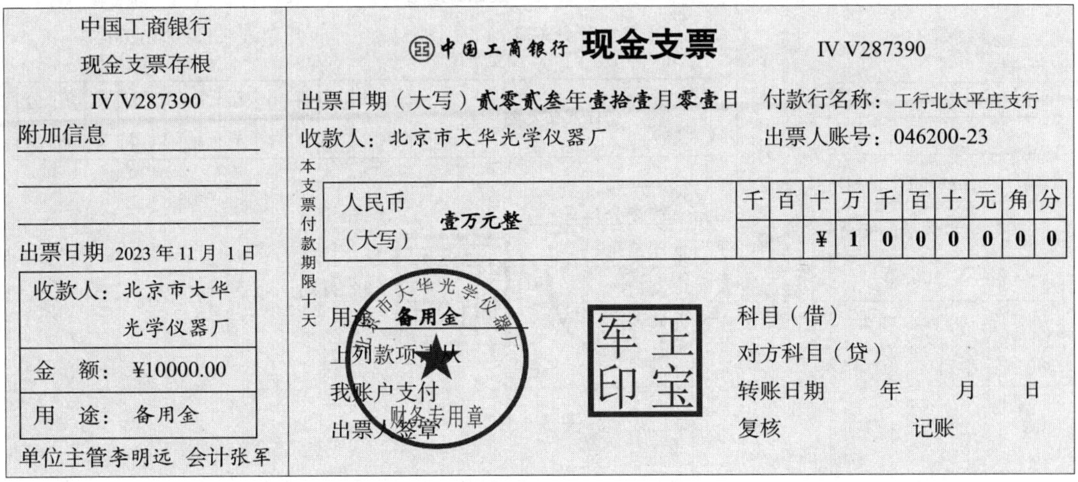

中国工商银行
现金支票存根
IV V287390
附加信息

出票日期 2023 年 11 月 1 日
收款人：北京市大华光学仪器厂
金　额：¥10000.00
用　途：备用金
单位主管李明远　会计张军

中国工商银行　现金支票　IV V287390

出票日期（大写）贰零贰叁年壹拾壹月零壹日　付款行名称：工行北太平庄支行
收款人：北京市大华光学仪器厂　出票人账号：046200-23

本支票付款期限十天

人民币（大写）	千	百	十	万	千	百	十	元	角	分
壹万元整			¥	1	0	0	0	0	0	0

用途 备用金
上列款项请从
我账户支付
出票人签章

北京市大华光学仪器厂　财务专用章
王军　宝印

科目（借）
对方科目（贷）
转账日期　年　月　日
复核　记账

图 3－1

【分析】 企业从银行提取现金时，注意现金支票的正本各项目应填写完整，正本背面予以背书后，方可交与银行办理提取现金的业务。根据现金支票存根联所记载的金额，作借记“库存现金”，贷记“银行存款”。编制第 1 号记账凭证，如图 3－2 所示。

记 账 凭 证

2023 年 11 月 1 日　　　　字第 1 号

摘　要	总账科目	明细科目	记账√	借方金额										记账√	贷方金额									
				千	百	十	万	千	百	十	元	角	分		千	百	十	万	千	百	十	元	角	分
提现备用	库存现金						1	0	0	0	0	0	0											
	银行存款																	1	0	0	0	0	0	0
合　计						¥	1	0	0	0	0	0	0				¥	1	0	0	0	0	0	0

附件 1 张

会计主管：　　记账：　　复核：王利　　出纳：张军　　制单：赵宏

图 3－2

【例 3－2】 11 月 1 日，职工刘昕前往北京市长安商城购买办公用品，会计人员开出一张价值 1 200 元的转账支票。原始凭证见图 3－3、图 3－4。

【分析】 企业付办公用品款，应根据转账支票的存根联和购货发票记账联，作借记“管理费用”，贷记“银行存款”。编制第 2 号记账凭证，如图 3－5 所示。

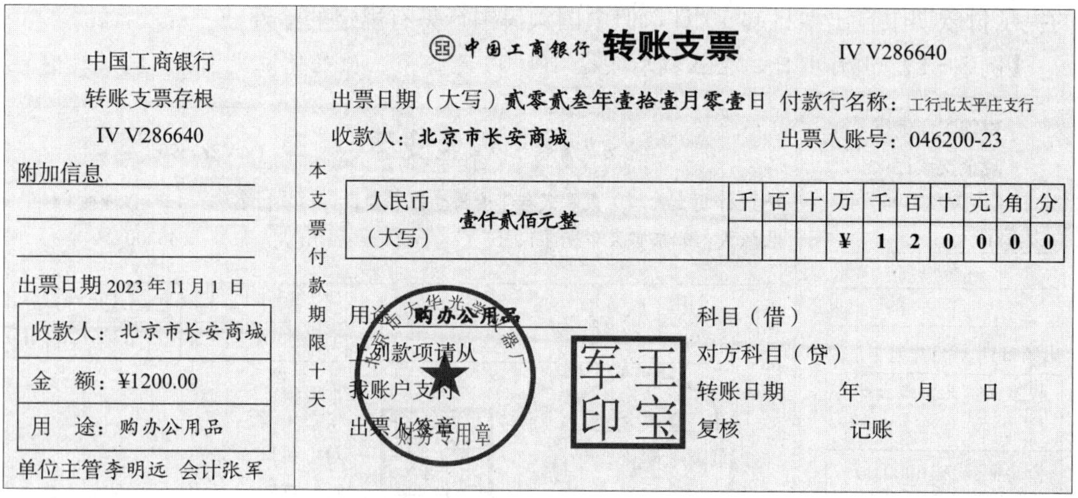

中国工商银行
转账支票存根
IV V286640
附加信息

出票日期 2023 年 11 月 1 日
收款人：北京市长安商城
金　额：¥1200.00
用　途：购办公用品
单位主管李明远　会计张军

中国工商银行 转账支票　　IV V286640
出票日期（大写）贰零贰叁年壹拾壹月零壹日　付款行名称：工行北太平庄支行
收款人：北京市长安商城　　出票人账号：046200-23
本支票付款期限十天

人民币（大写）	千	百	十	万	千	百	十	元	角	分
壹仟贰佰元整				¥	1	2	0	0	0	0

用途 购办公用品　　科目（借）
上列款项请从　　对方科目（贷）
我账户支付　　转账日期　年　月　日
出票人签章　　复核　记账

图 3－3

电子发票（增值税专用发票）

发票号码　23117000000020951579

开票日期：2023 年 11 月 01 日

国家税务总局 北京市税务局

购买方信息	名　称：北京市大华光学仪器厂 统一社会信用代码/纳税人识别号：110108101434798	销售方信息	名　称：北京市长安商城 统一社会信用代码/纳税人识别号：92610113MAB0Y07E1M

项目名称	规格型号	单位	数量	单价	金额	税率/征收率	税额
文件夹		吨	100	5.00	500.00	13%	65.00
笔记本		吨	100	5.6195	561.95	13%	73.05
合　计					¥1061.95		¥138.05
价税合计（大写）	⊗壹仟贰佰元整			（小写）¥1200.00			
备注							

开票人：石磊

图 3 - 4

记　账　凭　证

2023 年 11 月 1 日　　　　字第 2 号

摘　要	总账科目	明细科目	记账√	借方金额 千	百	十	万	千	百	十	元	角	分	记账√	贷方金额 千	百	十	万	千	百	十	元	角	分
付办公费	管理费用							1	2	0	0	0	0											
	银行存款																		1	2	0	0	0	0
合　计							¥	1	2	0	0	0	0					¥	1	2	0	0	0	0

附件 2 张

会计主管：　　记账：　　复核：王　利　　出纳：张　军　　制单：赵　宏

图 3 - 5

（二）汇兑

汇兑又称汇兑结算，是汇款人委托银行将款项汇给异地收款人的结算方式。汇兑结算适用于付款人向异地的收款人结算时使用，它广泛应用于单位和个人的各种款项的结算。汇兑根据划转款项的不同方法以及传递方式的不同可以分为信汇和电汇两种，由汇款人自行选择。

汇兑结算的特点：无金额起点的限制；汇款人向异地收款人主动付款时使用；既适用于单位之间款项划拨，也可用于单位（或个人）对异地的个人支付有关款项；手续简便易行，单位或个人均可办理。

1. 信汇

“信汇凭证”一式四联。第一联（回单），是汇出行受理信汇凭证后给汇款人的回单；第二联（支款凭证），是汇款人委托开户银行办理信汇时转账付款的支付凭证；第三联（收款凭证），是汇入行将款项收入收款人账户后的收款凭证；第四联（收账通知或取款收据），是在直接记入收款人账户后通知收款人的收款通知，或不直接记入收款人账户时收款人凭以领取款项的取款收据。

【例 3－3】 11 月 2 日，企业以信汇方式支付前欠南京荣信机电公司货款 40 000 元。原始凭证见图 3－6、图 3－7。

中国工商银行　**信汇凭证**（回单）　1

委托日期 2023 年 11 月 2 日　　　　第　号

汇款人	全　称	北京市大华光学仪器厂	收款人	全　称	南京荣信机电公司
	账　号或地址	046200-23		账号或地址	1108020007546008
	汇出行名　称	工行北太平庄支行		汇　入地　点	江苏省南京市 县　汇入行名　称　招行大厂营业部
金额	人民币（大写）	肆万元整		亿 千 百 十 万 千 百 十 元 角 分	¥ 4 0 0 0 0 0 0
汇款用途：付前欠货款			汇出行盖章		
上列款项已根据委托办理，如需查询，请持此回单来进行面洽					
单位主管　会计　出纳　记账			2023 年 11 月 2 日		

中国工商银行北京市分行　转讫

此联汇出行给汇款人的回单

图 3－6

收　款　收　据

№ 2314586

2023年11月2日

今收到	北京市大华光学仪器厂
收款事由：	还货款
人民币（大写）：	肆万元整　（小写）¥ 40000.00

南京荣信机电公司　财务专用章

二交收款方

单位盖章：　会计：王海　出纳：张丹　经手人：牛丽丽

图 3－7

【分析】 企业支付往来款项时，应根据支付款项的信汇凭单的回执联和对方开具的收款收据联，作借记“应付账款”，贷记“银行存款”。编制第 3 号记账凭证，如图 3－8 所示。

记 账 凭 证

2023年11月2日　　　　　　　　字第 3 号

摘要	总账科目	明细科目	记账√	借方金额										记账√	贷方金额									
				千	百	十	万	千	百	十	元	角	分		千	百	十	万	千	百	十	元	角	分
偿付欠款	应付账款	南京荣信机电公司					4	0	0	0	0	0	0											
	银行存款																	4	0	0	0	0	0	0
合计						¥	4	0	0	0	0	0	0				¥	4	0	0	0	0	0	0

附件 2 张

会计主管：　　记账：　　复核：王利　　出纳：张军　　制单：赵宏

图 3－8

2. 电汇

“电汇凭证”一式三联，第一联（回单），是汇出行给汇款人的回单；第二联（支款凭证），是汇出银行办理转账付款的支款凭证；第三联（发电依据），是汇出行向汇入行拍发电报的凭据。

汇出行受理汇款人的信、电汇凭证后，应按规定进行审查。审查的内容包括：信、电汇凭证填写的各项内容是否齐全、正确；汇款人账户内是否有足够支付的存款余额；汇款人盖的印章是否与预留银行印鉴相符等。审查无误后即可办理汇款手续，在第一联回单上加盖“转讫”章退给汇款单位，并按规定收取手续费；如果不符合条件，汇出银行不予办理汇出手续，作退票处理。

【例 3－4】11 月 2 日，企业收到银行电汇单据一张，系深圳兴业公司支付前欠货款 20 000 元。原始凭证见图 3－9、图 3－10。

中国工商银行 电汇凭证（回单）　2

委托日期 2023 年 11 月 2 日　　　　第　号

汇款人	全　称	深圳兴业公司	收款人	全　称	北京市大华光学仪器厂
	账　号或地址	055030201023 深圳市罗湖区怡景路4号		账号或地址	046200-23 海淀区学院南路 65 号
	汇出行名　称	工行罗湖分理处		汇入行名　称	工行北太平庄支行
金额	人民币（大写）	贰万元整			亿 千 百 十 万 千 百 十 元 角 分 ¥ 2 0 0 0 0 0 0
汇款用途：付货款					
上列款项已根据委托办理，如需查询，请持此回单来进行面洽			汇出行盖章		
单位主管　会计　出纳　记账					2023 年 11 月 2 日

中国工商银行深圳市分行　罗湖分理处　转讫

此联汇出行给收款人的回单

图 3－9

收　款　收　据

№5613651

2023年11月2日

今收到　深圳兴业公司

收款事由：　还货款

人民币（大写）：贰万元整　（小写）¥：20000.00

北京市大华光学仪器厂 财务专用章

二交收款方

单位盖章：　会计：徐志军　出纳：张军　经手人：李　丽

图 3-10

【分析】企业收取应收款项时，应根据银行转来的电汇凭单的收款联和企业为付款方开具的收款收据记账联，作借记“银行存款”，贷记“应收账款”。编制第 4 号记账凭证，如图 3-11 所示。

记　账　凭　证

2023年11月2日　　字第 4 号

摘要	总账科目	明细科目	记账√	借方金额										记账√	贷方金额									
				千	百	十	万	千	百	十	元	角	分		千	百	十	万	千	百	十	元	角	分
收应收款	银行存款						2	0	0	0	0	0	0											
	应收账款	深圳兴业公司																2	0	0	0	0	0	0
合　计						¥	2	0	0	0	0	0	0				¥	2	0	0	0	0	0	0

附件 2 张

会计主管：　记账：　复核：王　利　出纳：张　军　制单：赵　宏

图 3-11

（三）委托收款

委托收款是收款人委托银行向付款人收取款项的结算方式。单位和个人凭已承兑商业汇票、债券、存单等付款人债务证明办理款项的结算，均可使用委托收款结算方式。委托收款结算款项的划回方式分为邮划和电划两种，由收款人选择。

委托收款的特点：不受金额起点的限制；不受地点的限制，同城、异地均可办理；付款期为三天，凭证索回期为两天；凡是在银行和其他金融机构开立账户的单位和个体工商户的商品交易、劳务款项以及其他应收款项的结算都可以使用委托收款结算方式，它常用于城镇公用企事业单位向用户收取水费、电费、电话费、邮费、煤气费等。银行不负责审查付款单位拒付理由。

“委托收款凭证”一式五联。第一联为回单，由银行盖章后退给收款单位；第二联为收款凭证，收款单位开户银行作收入传票；第三联为支款凭证，付款人开户银行作为付出传票；第四联为收账通知（或发电依据），是收款单位开户银行在款项收妥后给收款人的收账通知；第五联为付款通知，是付款人开户银行给付款单位按期付款的通知。

【例 3－5】11 月 3 日，收到银行通知单，支付中国平安保险北京分公司财产保险费 2 600 元，原始凭证见图 3－12、图 3－13。

电邮　　**委托收款凭证**（付款通知）　**5**

委托日期：2023 年 11 月 3 日　　第 1268 号

付款人	全　称	北京市大华光学仪器厂	收款人	全　称	中国平安保险北京分公司
	账　号	046200-23		账　号	047324-78
	开户银行	工行北太平庄支行		开户银行	工行市营业部
委收金额	人民币（大写）	贰仟陆佰元整		千百十万千百十元角分	¥260000
款项内容		保险费	委托收款凭据名称	发票	附寄单证张数　1
备注：中国工商银行北京市分行 北太平庄支行 转讫			上列委托收款项有关单证等　件，请予办理收款。 收款人签章		科目（贷） 对方科目（借） 转账　年　月　日 复核　记账

此联付款人开户银行给付款人按期付款的通知

图 3－12

电子发票（普通发票）　国家税务总局 北京市税务局

发票号码 23112000000074886523

开票日期：2023 年 11 月 03 日

购买方信息	名　称：北京市大华光学仪器厂 统一社会信用代码/纳税人识别号：110108101434798			销售方信息	名　称：中国平安保险北京分公司 统一社会信用代码/纳税人识别号：91110102746719269N		
项目名称	规格型号	单位	数量	单价	金额	税率/征收率	税额
保险服务*车辆商业保险	**	份	1	2452.84	2452.84	6%	¥147.17
合　计					¥2452.84		¥147.17
价税合计（大写）	⊗贰仟陆佰元整				（小写）¥2600.00		
备注							

开票人：冯宇

图 3－13

【分析】企业支付保险费时，应根据银行转来的委托收款付款联和保险费发票，作借记“管理费用”，贷记“银行存款”。编制第 5 号记账凭证，见图 3－14。

记　账　凭　证

2023年11月3日　　　　　　字第 5 号

摘要	总账科目	明细科目	记账√	借方金额										记账√	贷方金额								
				千	百	十	万	千	百	十	元	角	分		千	百	十	万	千	百	十	元	角	分
付保险费	管理费用	付保险费						2	6	0	0	0	0											
	银行存款																		2	6	0	0	0	0
合计							¥	2	6	0	0	0	0					¥	2	6	0	0	0	0

附件 2 张

会计主管：　　记账：　　复核：王利　　出纳：张军　　制单：赵宏

图 3－14

（四）银行汇票

银行汇票是出票银行签发的，由其在见票时按照实际结算金额无条件支付给收款人或者持票人的票据。银行汇票的出票银行为银行汇票的付款人。单位和个人的各种款项结算，均可使用银行汇票。银行汇票可用于转账，填明“现金”字样的银行汇票也可用于支取现金。银行汇票无金额起点限制；无地域限制；企业和个人均可申请；有效期为 1 个月。

银行汇票一式四联，第一联是卡片，由签发行结清汇票时作汇出汇款付出传票；第二联是银行汇票，与第三联解讫通知一并由汇款人自带，在兑付行兑付汇票后此联作联行往来账付出传票；第三联是解讫通知，在兑付行兑付后随报单寄签发行，由签发行作余款收入传票；第四联是多余款通知，在签发行结清后交汇款人。

【例 3－6】11 月 3 日，企业开出银行汇票一张，金额 15 000 元，采购员持票前往深圳兴业公司采购材料。原始凭证见图 3－15。

【分析】企业开出银行汇票采购材料时，应根据办理完毕银行汇票的回单，作借记“其他货币资金”，贷记“银行存款”。编制第 6 号记账凭证，如图 3－16 所示。

（五）商业汇票

商业汇票是由出票人签发，委托付款人在指定日期无条件支付确定金额给收款人或持票人的票据。商业汇票签发后，必须经过承兑。承兑是指承兑人同意按汇票载明的事项到期付款并在票据上做文字记载或签章的票据行为。

按照承兑人的不同，商业汇票可以分为银行承兑汇票和商业承兑汇票两种。

付款期限 壹个月

中国工商银行汇票申请书（存　根）　1　第 01672 号

出 票 日 期（大写） 贰零贰叁年壹拾壹月零肆日		代理付款行：	行号：
收 款 人： 深圳兴业公司		账号：055030201023	
出 票 金 额 人民币（大写） 壹万伍仟元整			
实际结算金额 人民币（大写）		（小写金额）	
申请人： 北京市大华光学仪器厂		账号或住址： 工行北太平庄支行046200-23	
出 票 行： 工行　行号： 汇款用途： 货款 备　　注： 出票行签章 中国工商银行北京市分行 汇票专用章 87400 李波涛印		科目（借） 对方科目（贷） 兑付日期　年　月　日 复核　记账	

此联由汇款人留作记账传票

图 3－15

记　账　凭　证

2023 年 11 月 4 日　　　字第 6 号

摘　要	总账科目	明细科目	记账√	借方金额 千	百	十	万	千	百	十	元	角	分	记账√	贷方金额 千	百	十	万	千	百	十	元	角	分
采购材料款	其他货币资金	银行汇票					1	5	0	0	0	0	0											
	银行存款																	1	5	0	0	0	0	0
合　计						¥	1	5	0	0	0	0	0				¥	1	5	0	0	0	0	0

附件 1 张

会计主管：　记账：　复核：王　利　出纳：张　军　制单：赵　宏

图 3－16

1. 银行承兑汇票

银行承兑汇票是指由企业申请签发，委托银行在指定日期无条件支付确定的金额给收款人或持票人，并由银行保证到期兑付的票据。也就是说，银行承兑汇票是由银行承兑的商业汇票。承兑银行按票面金额向承兑申请人收取万分之五的承兑手续费，每笔不足 10 元的，按 10 元计收。承兑申请人在银行承兑汇票到期未付款的，按规定计收逾期罚息，可提前贴现，贴现时须提供双方签订的合同和发票，贴现率并不固定。

其特点为：无金额起点限制；第一付款人是银行；出票人必须在承兑（付款）银行开立存款账户；承兑期限最长不超过 6 个月；可以贴现，也可以背书转让；适用于法人企业及其他组织办理真实商品交易业务的结算；同城、异地均可使用。

银行承兑汇票一式四联。第一联为卡片联，由承兑银行支付票款时作付出传票；第二联为承兑汇票，由收款人开户行向承兑银行收取票款时作联行往来账付出传票；第三联为解讫通知，由收款人开户行收取票据款时随报单寄给承兑行，作付出传票附件；第四联为存根，由签发单位编制有关凭证。

【例 3-7】11 月 5 日，购入上海飞达公司 A 型钢材 15 吨，材料总金额为 30 000 元。签发无息银行承兑汇票一张，并向银行支付承兑手续费 30 元。（假设不考虑增值税，购货发票略。）原始凭证见图 3-17、图 3-18、图 3-19 和图 3-20。

银行承兑协议

京工银承（2023）字第 0925 号

申请人全称：北京市大华光学仪器厂

承兑人全称：中国工商银行北京市分行北太平庄支行

经申请人与承兑人协商一致，根据有关法律法规和中国人民银行有关规章的规定，签订本合同，共同遵守。

第一条　承兑人同意承兑下列内容的承兑汇票（若为多笔承兑，详见《银行承兑汇票承兑清单》）

出票人全称：北京市大华光学仪器厂	收款人全称：上海飞达公司
开户银行：工行北太平庄支行	开户银行：工行向城分理处
账　　号：046200-23	账　　号：3-7769934

汇票金额：叁万元整

出票日期：2023 年 11 月 5 日　　到期日期：2024 年 1 月 5 日

第二条　申请人于汇票到期日前将应付票款足额交存承兑银行。

以上汇票经承兑银行承兑，承兑申请人愿遵守《支付结算办法》的规定及下列条款：

第三条　承兑手续费按票面金额的 0.5 ‰计算，在承兑人同意承兑时一次付清。

第四条　申请人承诺

1. 申请承兑的银行承兑汇票以真实的商品交易为基础。

2. 承兑汇票如发生任何交易纠纷，均由支付双方自行处理，票款于到期日前仍按第一条办理不误。

3. 承兑汇票到期日，承兑银行无条件支付票款，如到期日之前申请人不能足额交付票款时，承兑银行对补足支付部分的票款转作承兑申请人逾期贷款，并按照有关规定计收罚息。

第五条　承兑人的权利和义务

1. 承兑汇票到期日前，申请人不能足额交付票款时，除法律法规规定可予拒付的情形外，承兑人凭票无条件向持票人支付票款。

2. 承兑的所垫付票款自付款之日起以 万分之五 计收利息，并有权在申请人开立的存款户中直接扣付垫付票款及相应的利息。

第六条　本合同自双方签字或盖章之日起生效。

第七条　本合同履行中发生争议，可由双方协商解决；若通过诉讼解决的，由承兑人住所地法院管辖。

第八条　本合同一式 三 份，第一、第二份分别由承兑银行信贷部门和承兑申请人存执，协议副本由银行会计部门审查。效力相同。

	承兑人（盖章）：（中国工商银行北京市分行北太平庄支行）
申请人：北京市大华光学仪器厂	
法定代表人：王宝军	负责人：黎　宏
电话：010-82840631	电话：010-62297062
邮编：100081	邮编：100080
日期：2023 年 11 月 5 日	日期：2023 年 11 月 5 日

（印章：北京市大华光学仪器厂；中国工商银行北京市分行北太平庄支行）

图 3-17

中国工商银行邮电费、工本费、手续费（付款通知）

2023 年 11 月 5 日　　　　凭证号码 03521

付款单位名称	北京市大华光学仪器厂			账　号	046200-23	
邮　电　费		工本费		手续费	30.00	
合　　计	（大写）叁拾元整					
结算内容	单价	笔数	结算内容	单价	笔数	
（略）						

中国工商银行北京市分行 北太平庄支行 办讫章（3）

会计：　　　　复核：王苗苗　　　　记账：张大宝

图 3－18

银行承兑汇票　4

汇票号码：6916

出票日期：（大写）贰零贰叁年壹拾壹月零伍日　　　　第 364 号

出票人全称	北京市大华光学仪器厂		收款人	全　称	上海飞达公司	
出票人账号	046200-23			账　号	3-7769934	
付款行全称	工行北太平庄支行	行号 10228		开户银行	工行向城分理处	行号 32661
汇票金额	人民币（大写）叁万元整				千百十万千百十元角分	￥3000000
汇票到期日	贰零贰肆年零壹月零伍日		本汇票已经兑付，到期日由本行付款。		承兑协议编号	0925
本汇票请你行兑付，到期无条件付款。 北京市大华光学仪器厂 财务专用章 王宝军印 出票人签章			承兑行签章 李波涛印 承兑日期　年　月　日 备注 7400		科目（借） 对方科目（贷） 转账　年　月　日 复核　记账	

此联付款人开户行给付款方留存

图 3－19

收　料　单

供货单位：上海飞达公司　　　　凭证编号：008952

发票编号：06869921　　　　2023 年 11 月 5 日　　　　收料仓库：1号库

类别	编号	名称	规格	单位	数量		单价	实际成本
					应收	实收		金额
		A型钢材		吨	15	15	2000.00	30000.00
								￥30000.00

第二联：财务记账

会计：　　　　仓库主管：陈　中　　　　仓库保管：刘新华　　　　经办人：王　剑

图 3－20

【分析】企业与银行签订银行承兑协议，并到开户银行办理相关手续后签发银行承兑汇票。根据购货发票、收料单、银行手续费通知单、银行承兑汇票存根联，作借记“原材料”“财务费用”，贷记“应付票据”。编制第 7 号记账凭证，如图 3 - 21 所示。

记 账 凭 证

2023年11月5日　　　　　　字第 7 号

摘　要	总账科目	明细科目	记账√	借方金额										记账√	贷方金额									
				千	百	十	万	千	百	十	元	角	分		千	百	十	万	千	百	十	元	角	分
购料票据款	原材料						3	0	0	0	0	0	0											
	财务费用									3	0	0	0											
	应付票据																	3	0	0	3	0	0	0
合　计						¥	3	0	0	3	0	0	0				¥	3	0	0	3	0	0	0

附件 3 张

会计主管：　　记账：　　复核：王 利　　出纳：张 军　　制单：赵 宏

图 3 - 21

2. 商业承兑汇票

商业承兑汇票是由银行以外的付款人承兑的商业汇票，可以由付款人签发并承兑，也可以由收款人签发交由付款人承兑。

其特点为：凡是在银行开立账户的法人以及其他组织之间根据购销合同进行商品交易和清偿债务等，均可以使用；无金额起点的限制；付款人为承兑人；出票人可以是收款人，也可以是付款人；付款期限最长可达 6 个月；可以贴现；可以背书转让。

商业承兑汇票按照双方协定，可以由付款单位签发，也可以由收款人签发。商业承兑汇票一式三联，第一联为卡片，由承兑人（付款单位）留存；第二联为商业承兑汇票，由收款人开户银行随结算凭证寄付款人开户银行作付出传票附件；第三联为存根联，由签发人存查。

商业承兑汇票由付款单位承兑时，无须填写承兑协议，也不通过银行办理，因而也就无须向银行支付手续费，只需在商业承兑汇票的第二联正面签署“承兑”字样并加盖预留银行的印鉴后，交给收款单位。由收款人签发的商业承兑汇票，应先交付款单位承兑，再交收款单位专类保管。

收款单位委托银行收款时，在汇票到期前，应填写一式五联的“委托收款凭证”，在其中“委托收款凭证名称”栏内注明“商业承兑汇票”字样及汇票号码，在商业承兑汇票第二联背面加盖收款单位公章后，一并送交开户银行。开户银行审查后办理有关收款手续，并将盖章后的“委托收款凭证”第一联退回给收款单位保存。

【例3-8】11月6日，企业收到的石家庄惠东有限公司2023年8月6日签发的商业承兑汇票40 000元到期，委托银行收款，款项已收到。原始凭证见图3-22、图3-23。

商业承兑汇票　2　　　　汇票号码：2006

出票日期：（大写）　贰零贰叁年零捌月零陆日　　　　第1201号

付款人	全　称	石家庄惠东有限公司		收款人	全　称	北京市大华光学仪器厂											
	账　号	321515562112			账　号	046200-23											
	开户银行	工行桥西区分理处	行号 3056		开户银行	工行北太平庄支行	行号 10228										
汇票金额		人民币（大写）肆万元整					千	百	十	万	千	百	十	元	角	分	
									¥	4	0	0	0	0	0	0	
汇票到期日		贰零贰叁年壹拾壹月零陆日		交易合同号		696											
本汇票已经承兑，到期无条件支付票款。石家庄惠东有限公司 财务专用章 陈东华印 承兑人签章 承兑日期2023年11月6日				本汇票请于承兑到期日付款 北京市大华光学仪器厂 财务专用章 王宝军印 出票人签章													

此联持票人开户行随委托收款凭证寄付款人开户行作借方凭证附件

图3-22

委邮　　委托收款凭证（回单）　1

委托日期：2023年11月6日　　　　第1268号

付款人	全　称	石家庄惠东有限公司	收款人	全　称	北京市大华光学仪器厂											
	账　号	321515562112		账　号	046200-23											
	开户银行	工行桥西区分理处		开户银行	工行北太平庄支行											
委收金额	人民币（大写）肆万元整						千	百	十	万	千	百	十	元	角	分
									¥	4	0	0	0	0	0	0
款项内容	货款	委托收款凭据名称	商业承兑汇票	附寄单证张数	1											
备注：中国工商银行北京市分行 北太平庄支行 转讫		上列委托收款项有关单证等　件，请予办理收款。收款人签章		科目（贷） 对方科目（借） 转账　年　月　日 复核　记账												

此联给收款人收款人开户银行的收款通知

图3-23

【分析】企业收到的商业承兑汇票到期时，可填制委托收款凭证并持商业承兑汇票收款联到开户银行办理收款手续，根据委托收款凭证记账联，作借记“银行存款”，贷记“应收票据”。编制第8号记账凭证，如图3-24所示。

记 账 凭 证

2023年11月6日　　　　　　　　字第 8 号

摘要	总账科目	明细科目	记账√	借方金额										记账√	贷方金额									
				千	百	十	万	千	百	十	元	角	分		千	百	十	万	千	百	十	元	角	分
收回票据款	银行存款						4	0	0	0	0	0	0											
	应收票据	石家庄惠东有限公司																4	0	0	0	0	0	0
合计						¥	4	0	0	0	0	0	0				¥	4	0	0	0	0	0	0

附件 1 张

会计主管：　　记账：　　复核：王利　　出纳：张军　　制单：赵宏

图 3-24

（六）托收承付

托收承付也称异地托收承付，是指根据购销合同发货后，由收款人委托银行向付款人收取款项，并由收款人向银行承兑付款的结算方式。

托收承付结算款项的划回方法分邮寄和电报两种，由收款人选用。邮寄和电报两种结算凭证均为一式五联。第一联为回单，是收款人开户行给收款人的回单；第二联为委托凭证，是收款人委托开户行办理托收款项后的收款凭证；第三联为支票凭证，是付款人向开户行支付货款的支款凭证；第四联为收款通知，是收款人开户行在款项收妥后给收款人的收款通知；第五联为承付（支款）通知，是付款人开户行通知付款人按期承付货款的承付（支款）通知。

托收承付的适用范围：只适用于国有企业、供销合作社及经营管理较好，并经开户银行审查同意的城乡集体所有制工业企业；异地订有经济合同的商品交易及相关劳务款项的结算。代销、寄销、赊销商品的款项，不得办理异地托收承付结算。

托收承付结算每笔金额的起点为 10 000 元，新华书店系统每笔金额的起点为 1 000 元。承付货款分验单付款和验货付款两种。由收付款双方商量选用，并在合同中明确规定。验单付款的承付期为 3 天，从付款人开户银行发出承付通知的次日算起，遇节假日顺延。验货付款的承付期为 10 天，从承运单位发出提货通知的次日算起，遇节假日顺延。

【例 3-9】 11 月 6 日，企业销售给华北集团有限公司 N70 相机 10 台，价款 23 400 元，已办理完托收承付手续（假设不考虑增值税，销售发票略）。原始凭证见图 3-25、图 3-26。

电　　　　**托收承付凭证**（回单）　1

委托日期：2023 年 11 月 6 日　　　　　　第 1291 号

付款人	全　称	华北集团有限公司	收款人	全　称	北京市大华光学仪器厂
	账　号	854156610266		账　号	046200-23
	开户银行	工行河北分行		开户银行	工行北太平庄支行

托收金额	人民币（大写）	千	百	十	万	千	百	十	元	角	分
	贰万叁仟肆佰元整			¥	2	3	4	0	0	0	0

附　件		商品发运情况	合同名称号码
附寄单证张数或册数	2	已发送	№ 439120
备注：电划		款项收妥日期 2023 年 11 月 6 日	收款人开户银行盖章（中国工商银行北京市分行北太平庄支行 2023.11.06 业务专用章）

此联收款人开户银行给收款人的回单

图 3-25

电子发票（增值税专用发票）

发票号码：23112000000020952763

开票日期：2023 年 11 月 06 日

购买方信息	名　称：华北集团有限公司 统一社会信用代码/纳税人识别号：130102345098123678
销售方信息	名　称：北京市大华光学仪器厂 统一社会信用代码/纳税人识别号：110108101434798

项目名称	规格型号	单位	数量	单价	金额	税率/征收率	税额
N70 相机		台	10	2070.796	20707.96	13%	2692.04
合　计					¥20707.96		¥2692.04
价税合计（大写）	⊗贰万叁仟肆佰元整				（小写）¥23400.00		
备注							

开票人：张志刚

图 3-26

【分析】企业办妥托收承付手续后，收款单位应根据托收承付凭证回单联和销售发票记账联编制记账凭证，作借记“应收账款”，贷记“主营业务收入”“应交税费”；付款单位承付货款后，收款单位根据银行的收账通知和有关单据，作借记“银行存款”，贷记“应收账款”。编制第 9 号记账凭证，如图 3-27 所示。

记 账 凭 证

2023年11月6日　　　　　　字第 9 号

摘要	总账科目	明细科目	记账√	借方金额										记账√	贷方金额									
				千	百	十	万	千	百	十	元	角	分		千	百	十	万	千	百	十	元	角	分
销售商品	应收账款	华北集团有限公司					2	3	4	0	0	0	0											
	主营业务收入																	2	0	7	0	7	9	6
	应交税费	应交增值税（销项）																	2	6	9	2	0	4
						¥	2	3	4	0	0	0	0				¥	2	3	4	0	0	0	0

附件 1 张

会计主管：　　记账：　　复核：王利　　出纳：张军　　制单：赵宏

图 3－27

【实验练习】

一、实验资料

北京市大华光学仪器厂 2023 年 12 月发生以下经济业务：

（1）12 月 1 日，企业提取现金 50 000 元备用。见本章附件中原始凭证 1－1/1。

（2）12 月 5 日，职工王胜利前往北京市西单商场购买办公用品，包括：文件夹 200 个，单价（含税价）10.00 元；笔记本 150 个，单价 8.00 元（含税价）；出纳人员开出一张金额为 3 200 元的转账支票。见原始凭证 2－1/1。

（3）12 月 7 日，企业以电汇方式支付前欠南京荣信机电公司货款 50 000 元。见原始凭证 3－1/2、3－2/2。

（4）12 月 12 日，企业收到银行电汇单据一张，系深圳兴业公司支付前欠货款 40 000元。见原始凭证 4－1/1。

（5）12 月 17 日，收到银行通知单，支付中国平安保险北京分公司财产保险费 3 500 元。见原始凭证 5－1/1。

（6）12 月 23 日，企业开出银行汇票一张，金额 60 000 元，采购员持票前往深圳兴业公司采购材料。见原始凭证 6－1/1。

（7）12 月 25 日，购入上海飞达公司 B 型钢材 10 吨，材料总金额为 60 000 元。签发无息银行承兑汇票一张。（假设不考虑增值税，购货发票略。）见原始凭证 7－1/2、7－2/2。

（8）12 月 26 日，企业收到石家庄惠东有限公司 2023 年 9 月 25 日签发的商业承兑汇票 51 409 元到期，委托银行收款，款项已收到。见原始凭证 8－1/2、8－2/2。

（9）12 月 28 日，企业销售给华北集团有限公司 N70 相机 15 台，价款 50 850 元（含税价），已办理完托收承付手续（销售发票略）。见原始凭证 9－1/1。

二、实验要求

根据该企业有关经济业务，填制如下会计凭证。

（1）填制原始凭证 1－1/1、2－1/1、3－1/2、4－1/1、5－1/1、6－1/1、7－2/2、8－1/2、8－2/2、9－1/1。

（2）根据有关原始凭证，编制第 1～9 号记账凭证。

附件：原始凭证

1-1/1

中国工商银行
现金支票存根
IV V287390
附加信息

出票日期　　年　月　日
收款人：
金　额：
用　途：
单位主管　　　会计

中国工商银行 **现金支票**　　IV V287390

出票日期（大写）　　年　　月　　日　付款行名称：
收款人：　　　　　　　　出票人账号：
本支票付款期限十天

人民币（大写）	千	百	十	万	千	百	十	元	角	分

用途
上列款项请从
我账户支付
出票人签章

市大华光学仪器厂 财务专用章
王军宝印

科目（借）
对方科目（贷）
转账日期　　年　　月　　日
复核　　　　记账

2-1/1

中国工商银行
转账支票存根
IV V2867742
附加信息

出票日期　　年　月　日
收款人：
金　额：
用　途：
单位主管　　　会计

中国工商银行 **转账支票**　　IV V287390

出票日期（大写）　　年　　月　　日　付款行名称：
收款人：　　　　　　　　出票人账号：
本支票付款期限十天

人民币（大写）	千	百	十	万	千	百	十	元	角	分

用途
上列款项请从
我账户支付
出票人签章

市大华光学仪器厂 财务专用章
王军宝印

科目（借）
对方科目（贷）
转账日期　　年　　月　　日
复核　　　　记账

3-1/2

中国工商银行电汇凭证（回单）　1

委托日期　　年　月　日　　　　　　　　第　　号

汇款人	全　称		收款人	全　称	
	账　号 或地址			账号或 地　址	
	汇出行 名　称			汇入行 名　称	
金额	人民币 （大写）				亿 千 百 十 万 千 百 十 元 角 分
汇款用途:			汇出行盖章		中国工商银行北京市分行 北太平庄支行 转讫 年　月　日
上列款项已根据委托办理，如需查询，请持此回单来进行面洽					
单位主管　　会计　　出纳　　记账					

此联汇出行给汇款人的回单

3-2/2

收　款　收　据

№ 2314586

2023年12月7日

今收到　北京市大华光学仪器厂

收款事由：　还货款

人民币（大写）：伍万元整　　（小写）　¥：50000.00

（南京荣信机电公司 财务专用章）

单位盖章：　　会计：王海　　出纳：张丹　　经手人：牛丽丽

二交收款方

4-1/1

中国工商银行电汇凭证（回单）　2

委托日期　　年　月　日　　　　　　　第　　号

汇款人	全　称		收款人	全　称	
	账　号 或地址			账号或 地　址	
	汇出行 名　称			汇入行 名　称	
金额	人民币 （大写）				亿 千 百 十 万 千 百 十 元 角 分
汇款用途:			汇出行盖章	中国工商银行深圳市分行 罗湖分理处 转讫 年　月　日	
上列款项已根据委托办理，如需查询，请持此回单来进行面洽					
单位主管　　会计　　出纳　　记账					

此联汇出行给汇款人的回单

5-1/1

委邮　　委托收款凭证（付款通知）　5

委托日期：　　年　　月　　日　　　　　第 1457 号

付款人	全　称		收款人	全　称	
	账　号			账　号	
	开户银行			开户银行	
委收金额	人 民 币 （大写）				千 百 十 万 千 百 十 元 角 分
款项内容		委托收款凭据名称	商业承兑汇票	附寄单证张数	1
备注：		上列委托收款项有关单证等　件，请予办理收款。 收款人签章		科目（贷） 对方科目（借） 转账　年　月　日 复核　记账	

此联付款人开户银行给付款人按期付款的通知

6－1/1

付款期限 壹个月

中国工商银行汇票申请书（存　根）1

第01897号

出票日期（大写）	年　　月　　日	代理付款行：	行号：
收款人：			账号：
出票金额	人民币（大写）		
实际结算金额	人民币（大写）		（小写金额）
申请人：		账号或住址：	
出票行：　　　　行号： 汇款用途： 备　　注： 出票行签章 中国工商银行北京市分行 汇票专用章 87400 李波涛印		科目（借） 对方科目（贷） 兑付日期　　年　月　日 复核　　　记账	

此联由汇款人留作记账传票

7－1/2

银行承兑协议

京工银承（2023）字第 0996 号

申请人全称：北京市大华光学仪器厂

承兑人全称：中国工商银行北京市分行北太平庄支行

经申请人与承兑人协商一致，根据有关法律法规和中国人民银行有关规章的规定，签订本合同，共同遵守。

第一条　承兑人同意承兑下列内容的承兑汇票（若为多笔承兑，详见《银行承兑汇票承兑清单》）

出票人全称：北京市大华光学仪器厂　　收款人全称：上海飞达公司

开户银行：工行北太平庄支行　　开户银行：工行向城分理处

账　　号：046200-23　　账　　号：3-7769934

汇票金额：叁万元整

出票日期：2023 年 12 月 25 日　　到期日期：2024 年 1 月 25 日

第二条　申请人于汇票到期日前将应付票款足额交存承兑银行。

以上汇票经承兑银行承兑，承兑申请人愿遵守《支付结算办法》的规定及下列条款：

第三条　承兑手续费按票面金额的 0.5 ‰计算，在承兑人同意承兑时一次付清。

第四条　申请人承诺

1. 申请承兑的银行承兑汇票以真实的商品交易为基础。

2. 承兑汇票如发生任何交易纠纷，均由支付双方自行处理，票款于到期日前仍按第一条办理不误。

3. 承兑汇票到期日，承兑银行无条件支付票款，如到期日之前申请人不能足额交付票款时，承兑银行对补足支付部分的票款转作承兑申请人逾期贷款，并按照有关规定计收罚息。

第五条　承兑人的权利和义务

1. 承兑汇票到期日前，申请人不能足额交付票款时，除法律法规规定可予拒付的情形外，承兑人凭票无条件向持票人支付票款。

2. 承兑的所垫付票款自付款之日起以 万分之五 计收利息，并有权在申请人开立的存款户中直接扣付垫付票款及相应的利息。

第六条　本合同自双方签字或盖章之日起生效。

第七条　本合同履行中发生争议，可由双方协商解决；若通过诉讼解决的，由承兑人住所地法院管辖。

第八条　本合同一式 三 份，第一、第二份分别由承兑银行信贷部门和承兑申请人存执，协议副本由银行会计部门审查。效力相同。

申请人：北京市大华光学仪器厂

（印章：北京市大华光学仪器厂）

法定代表人：王宝军

电话：010-82840631

邮编：100081

日期：2023 年 12 月 25 日

承兑人（盖章）：

（中国工商银行北京市分行北太平庄支行）

（印章：中国工商银行北京市分行北太平庄支行）

负责人：黎　宏

电话：010-62297062

邮编：100080

日期：2023 年 12 月 25 日

7－2/2

银行承兑汇票　4

汇票号码：6894

出票日期：　　　年　　月　　日　　　　第 125 号

出票人全称			收款人	全　　称		
出票人账号				账　　号		
付款行全称	行号	10228		开户银行	行号	32661
汇 票 金 额	人 民 币（大写）叁万元整				千 百 十 万 千 百 十 元 角 分	¥ 3 0 0 0 0 0 0
汇票到期日	年　月　日		本汇票已经兑付，到期日由本行付款。承兑行签章　承兑日期　年　月　日　备注：		承兑协议编号	0925
本汇票请你行承兑，到期无条件付款。出票人签章					科目（借）　对方科目（贷）　转账　年　月　日　复核　记账	

北京大华光学仪器厂 财务专用章　王宝军印　中国工商银行北京分行 汇票专用章 87400　李波涛印

此联付款人开户行给付款方留存

8－1/2

商业承兑汇票　2

汇票号码：3468

出票日期：（大写）　　年　　月　　日　　　　第 3023 号

付款人	全　　称			收款人	全　　称		
	账　　号				账　　号		
	开户银行	行号	3056		开户银行	行号	10228
汇票金额	人 民 币（大写）					千 百 十 万 千 百 十 元 角 分	¥ 4 0 0 0 0 0 0
汇票到期日	年　月　日			交易合同号		785	
本汇票已经承兑，到期无条件支付票款。承兑人签章　承兑日期　年　月　日				本汇票请予承兑到期日付款　出票人签章			

石家庄惠东有限公司 财务专用章　陈东华印　北京市大华光学仪器厂 财务专用章　王宝军印

此联持票人开户行随委托收款凭证寄付款人开户行作借方凭证附件

8－2/2

电邮　　委托收款凭证（付款通知）　2

委托日期：　　年　　月　　日　　　　　　第 0792 号

付款人	全　称		收款人	全　称	
	账　号			账　号	
	开户银行			开户银行	
委收金额	人民币（大写）				千 百 十 万 千 百 十 元 角 分
款项内容		委托收款凭据名称	商业承兑汇票	附寄单证张数	1
备注：		上列委托收款项有关单证等　件，请予办理收款。 北京大华光学仪器 财务专用章　王宝军印 收款人签章		科目（贷） 对方科目（借） 转账　　年　　月　　日 复核　　　记账	

此联收款人开户银行给收款人收款的通知

9－1/1

电　　托收承付凭证（回单）　1

委托日期：　　年　　月　　日　　　　　　第 1285 号

付款人	全　称		收款人	全　称	
	账　号			账　号	
	开户银行			开户银行	
托收金额	人民币（大写）				千 百 十 万 千 百 十 元 角 分
附　件		商品发运情况		合同名称号码	
附寄单证张数或册数	2	已发送		№ 867823	
备注：		款项收妥日期 年　月　日		中国工商银行北京市分行北太平庄支行 业务专用章 收款人开户银行盖章	

此联收款人开户银行给收款人的回单

空白记账凭证

记账凭证

年 月 日　　　　字第 号

摘要	总账科目	明细科目	记账√	借方金额										记账√	贷方金额								
				千	百	十	万	千	百	十	元	角	分		千	百	十	万	千	百	十	元	角	分

附件 张

会计主管　　记账　　出纳　　审核　　制单

记账凭证

年 月 日　　　　字第 号

摘要	总账科目	明细科目	记账√	借方金额										记账√	贷方金额								
				千	百	十	万	千	百	十	元	角	分		千	百	十	万	千	百	十	元	角	分

附件 张

会计主管　　记账　　出纳　　审核　　制单

记账凭证

年 月 日　　　　字第 号

摘要	总账科目	明细科目	记账√	借方金额										记账√	贷方金额								
				千	百	十	万	千	百	十	元	角	分		千	百	十	万	千	百	十	元	角	分

附件 张

会计主管　　记账　　出纳　　审核　　制单

记账凭证

年 月 日　　　　字第 号

摘要	总账科目	明细科目	记账√	借方金额										记账√	贷方金额									
				千	百	十	万	千	百	十	元	角	分		千	百	十	万	千	百	十	元	角	分

附件 张

会计主管　　记账　　出纳　　审核　　制单

记账凭证

年 月 日　　　　字第 号

摘要	总账科目	明细科目	记账√	借方金额										记账√	贷方金额									
				千	百	十	万	千	百	十	元	角	分		千	百	十	万	千	百	十	元	角	分

附件 张

会计主管　　记账　　出纳　　审核　　制单

记账凭证

年 月 日　　　　字第 号

摘要	总账科目	明细科目	记账√	借方金额										记账√	贷方金额									
				千	百	十	万	千	百	十	元	角	分		千	百	十	万	千	百	十	元	角	分

附件 张

会计主管　　记账　　出纳　　审核　　制单

记账凭证

年 月 日　　　　　　　　字第 号

摘要	总账科目	明细科目	记账√	借方金额										记账√	贷方金额								
				千	百	十	万	千	百	十	元	角	分		千	百	十	万	千	百	十	元	角	分

附件 张

会计主管　　记账　　出纳　　审核　　制单

记账凭证

年 月 日　　　　　　　　字第 号

摘要	总账科目	明细科目	记账√	借方金额										记账√	贷方金额								
				千	百	十	万	千	百	十	元	角	分		千	百	十	万	千	百	十	元	角	分

附件 张

会计主管　　记账　　出纳　　审核　　制单

记账凭证

年 月 日　　　　　　　　字第 号

摘要	总账科目	明细科目	记账√	借方金额										记账√	贷方金额								
				千	百	十	万	千	百	十	元	角	分		千	百	十	万	千	百	十	元	角	分

附件 张

会计主管　　记账　　出纳　　审核　　制单

第4章

会计账簿实验

【实验目标】

通过本章实验，学生可以熟悉各种会计账簿的格式、分类和用途，掌握现金日记账、银行存款日记账、明细分类账和总账的设置、启用、交接、登记等基本操作技能。

【实验要求】

1. 根据第2章实验练习编制的记账凭证登记现金日记账。
2. 根据第2章实验练习编制的记账凭证登记银行存款日记账。
3. 根据第2章实验练习编制的记账凭证登记明细分类账。
4. 根据第2章实验练习编制的记账凭证编制科目汇总表。
5. 根据科目汇总表登记总分类账。
6. 期末核对账目，予以结账。

【实验内容与指导】

一、实验指导

（一）账簿的分类

会计账簿简称账簿，是由具有一定格式、相互联系的账页所组成，用来序时、分类地全面记录一个企业、单位经济业务事项的会计簿籍。设置和登记会计账簿是重要的会计核算基础工作，是连接会计凭证和会计报表的中间环节，也是会计核算实务的中心工作。通过会计账簿，可以建立起账证、账账、账表之间的勾稽关系，可以检查、校正会计信息。

在会计实务中会计账簿由于记录的经济业务不同，格式也不相同。按照不同的标准可以将其分为以下种类。

1. 日记账、分类账和备查账

账簿按其用途可分为日记账、分类账和备查账三种。

(1) 序时账簿。序时账簿又称日记账，是按照经济业务发生的时间先后顺序，逐日逐笔进行登记的账簿。序时账簿按其记录内容的不同，又分为普通日记账和特种日记账两种。

普通日记账是将企业每天发生的所有经济业务，不论其性质如何，按其先后顺序，编成会计分录记入账簿。

特种日记账是专门记录某一类经济业务发生情况的账簿。常见的有现金日记账、银行存款日记账、材料采购日记账等。

(2) 分类账簿。分类账簿简称分类账，是对全部经济业务进行分类登记的账簿。分类账簿按其提供核算指标的详细程度不同，又分为总分类账和明细分类账。

总分类账簿，也称总分类账，简称总账，是根据总分类科目开设账户，用来登记全部经济业务，提供资产、负债、所有者权益、收入、费用和利润等总括核算资料的分类账簿。

明细分类账簿，也称明细分类账，简称明细账，是根据明细分类科目开设账户，用来登记某一类经济业务，提供明细核算资料的分类账簿。

(3) 备查账簿。备查账簿又称辅助账簿，是对某些在序时账簿和分类账簿等主要账簿中都不予登记或登记不够详细的经济业务事项进行补充登记时使用的账簿。它可以对某些经济业务的内容提供必要的参考资料。备查账簿的设置应视实际需要而定，并非一定要设置，而且没有固定格式。如设置应收票据登记簿、租入固定资产登记簿、代销商品登记簿等。

2. 三栏式、多栏式和数量金额式账簿

账簿按账页格式不同，可以分为三栏式账簿、多栏式账簿和数量金额式账簿。

(1) 三栏式账簿。三栏式账簿是指设有借方、贷方和余额三个基本栏目的账簿。各种日记账、总分类账以及资本、债权、债务等明细账都可以采用三栏式账簿。

(2) 多栏式账簿。多栏式账簿是指在账簿的两个基本栏目及借方和贷方按需要分设若干专栏的账簿。至于专栏设置在借方还是贷方，或是两方同时设专栏，以及设置多少专栏，则应根据需要而定。收入、费用明细账一般均采用这种格式的账簿。

(3) 数量金额式账簿。数量金额式账簿是指采用数量与金额双重记录的账簿，即在账簿的借方、贷方和余额三个栏目内，都分设数量、单价和金额三个小栏，借以反映财产物资的实物数量和价值量。原材料、库存商品等明细账通常采用数量金额式账簿。

3. 订本式、活页式和卡片式账簿

按账簿外表形式不同，可以分为订本式账簿、活页式账簿和卡片式账簿三种。

(1) 订本式账簿。订本式账簿，简称订本账，是在启用前将编有顺序页码的一定数量账页装订成册的账簿。这种账簿账页固定，可以避免账页散失，防止账页被抽换，有比较安全的优点。其缺点是，因同一账簿在同一时间只能由一人登记，这样不便于会计人员分工协作记账，也不便于计算机打印记账。订本式账簿一般适用于重要的和具有统驭性的总分类账、现金日记账和银行存款日记账。

（2）活页式账簿。活页式账簿，简称活页账，是将一定数量的账页置于活页夹内，可根据记账内容的变化随时增加或减少部分账页的账簿。活页账一般适用于明细分类账。其优点是，可以根据实际需要增添账页，不会浪费账页，使用灵活，并且便于同时分工记账。其缺点是，账页容易散失和被抽换。

（3）卡片式账簿。卡片式账簿，简称卡片账，是将一定数量的卡片式账页存放于专设的卡片箱中，账页可以根据需要随时增添的账簿。卡片账一般适用于低值易耗品、固定资产等的明细核算（在我国一般只对固定资产明细账采用卡片账形式）。

（二）会计账簿的启用和登记的一般规则

1. 会计账簿的启用

会计账簿一般应按年进行更换（固定资产明细账除外）。为了保证会计账簿记录的合法性和资料的完整性，明确记账责任，会计人员在启用账簿时，要填写“账簿启用及交接表”（见表 4－1）。

表 4－1　账簿启用及交接表

<table>
<tr><td colspan="2">单位名称</td><td colspan="7"></td><td colspan="4">公　　章</td></tr>
<tr><td colspan="2">账簿名称</td><td colspan="7">（第　册）</td><td colspan="4" rowspan="4"></td></tr>
<tr><td colspan="2">账簿编号</td><td colspan="7"></td></tr>
<tr><td colspan="2">账簿页数</td><td colspan="7">本账簿共计　页（自第　页起至第　页止）</td></tr>
<tr><td colspan="2">启用日期</td><td colspan="7">公元　年　月　日</td></tr>
<tr><td rowspan="3">经管人员</td><td colspan="2">单位主管</td><td colspan="2">财务主管</td><td colspan="4">复　核</td><td colspan="4">记　账</td></tr>
<tr><td>姓 名</td><td>盖 章</td><td>姓 名</td><td>盖 章</td><td colspan="2">姓 名</td><td colspan="2">盖 章</td><td colspan="2">姓 名</td><td colspan="2">盖 章</td></tr>
<tr><td></td><td></td><td></td><td></td><td colspan="2"></td><td colspan="2"></td><td colspan="2"></td><td colspan="2"></td></tr>
<tr><td rowspan="6">交接记录</td><td colspan="4">经　管　人　员</td><td colspan="4">接　管</td><td colspan="4">交　出</td></tr>
<tr><td colspan="2">职 别</td><td colspan="2">姓 名</td><td>年</td><td>月</td><td>日</td><td>盖 章</td><td>年</td><td>月</td><td>日</td><td>盖 章</td></tr>
<tr><td colspan="2"></td><td colspan="2"></td><td></td><td></td><td></td><td></td><td></td><td></td><td></td><td></td></tr>
<tr><td colspan="2"></td><td colspan="2"></td><td></td><td></td><td></td><td></td><td></td><td></td><td></td><td></td></tr>
<tr><td colspan="2"></td><td colspan="2"></td><td></td><td></td><td></td><td></td><td></td><td></td><td></td><td></td></tr>
<tr><td colspan="2"></td><td colspan="2"></td><td></td><td></td><td></td><td></td><td></td><td></td><td></td><td></td></tr>
<tr><td>备注</td><td colspan="12"></td></tr>
</table>

账簿启用及交接表的填写要求是：

（1）填写启用日期和启用账簿的起止页数。如使用的是订本式账簿，起止页数已经印好不需再填；启用活页式账簿，起止页数可等到装订成册时再填。

（2）填写记账人员姓名和会计主管人员姓名并加盖印章，以示慎重和负责。

（3）加盖单位财务公章，以示严肃。

（4）当记账人员或会计主管人员变动时，应办好账簿移交手续，并明确记录交接日期及接办人、监交人的姓名，并加盖公章。

2. 账簿登记的一般原则

会计人员应根据审核无误的会计凭证及时地登记会计账簿。登记账簿的基本要求是：

（1）启用账簿后，在账簿的第一页账页上填写该本账簿第一个账户名称及其他有关栏目，即开设相应的账户。在账页第一行“日期”栏登记建账日期，摘要栏中写“上年结转”或“月初余额”字样，将账户余额抄录至余额栏中。

（2）会计人员应根据审核无误的会计凭证及时地登记会计账簿。

（3）按各单位所选用的会计核算形式来确定登记总账的依据和具体时间。

（4）对于各种明细账，可逐笔逐日进行登记，也可定期（三天或五天）登记。但债权债务类和财产物资类明细账应当每天进行登记。

（5）现金日记账和银行存款日记账，应当根据办理完毕的收付款凭证，随时逐笔顺序进行登记，最少每天登记一次。

（6）记账时必须用蓝黑墨水或碳素墨水书写，不得使用铅笔或圆珠笔记账。下列特殊记账可使用红色墨水：红字冲销错误记录；在不设借贷等栏的多栏式账页中，登记减少数；根据国家会计制度的规定可以用红字登记的其他会计记录等。

（7）记账时应当将会计凭证的日期、编号、业务内容摘要、金额和其他有关资料逐项记入账内，同时要在记账凭证上签章并注明已经登账的标记（如打“√”等），以避免重登或漏登。

（8）应按账户页次顺序连续登记，不得跳行、隔页。如果发生跳行、隔页现象，应在空行、空页处用红色墨水划对角线注销，注明“此页空白”或“此行空白”字样，并由记账人员签章。

（9）账簿中书写的文字或数字不能顶格书写，一般只应占格距的1/2，以便留有改错的空间。

（10）各账户在一张账页登记完毕结转下页时，应当结出本页合计数和余额，写在本页最后一行和下页第一行有关栏内，并在本页最后一行的“摘要”栏内注明“转次页”字样，在下一页第一行的“摘要”栏内注明“承前页”字样。对“转次页”的本页合计数如何计算，一般分三种情况：

第一，需要结出本月发生额的账户，结计“转次页”的本页合计数应当为自本月初起至本页末止的发生额合计数，如现金日记账及采用“账结法”下的各损益类账户。

第二，需要结计本年累计发生额的账户，结计“转次页”的本页合计数应当为自年初起至本页末止的累计数，如采用“表结法”下的各损益类账户。

第三，既不需要结计本月发生额也不需要结计本年累积发生额的账户，可以只将每页末的余额结转次页。如债权、债务结算类账户和财产物资类账户等。

（三）科目汇总表的编制与总账的登记

科目汇总表账务处理程序称记账凭证账务处理程序，它是根据记账凭证定期编制科目汇总表，再根据科目汇总表登记总分类账的一种账务处理程序。科目汇总表账务处理程序如下：

（1）根据原始凭证编制汇总原始凭证；

（2）根据原始凭证或汇总原始凭证编制记账凭证；

（3）根据收款凭证、付款凭证逐笔登记现金日记账和银行存款日记账；

（4）根据原始凭证、汇总原始凭证和记账凭证登记各种明细分类账；

（5）根据各种记账凭证编制科目汇总表；

（6）根据科目汇总表登记总分类账；

（7）期末，现金日记账、银行存款日记账和明细分类账的余额与有关总分类账的余额核对相符；

（8）期末，根据总分类账和明细分类账的记录，编制会计报表。

（四）对账和结账

1. 对账

对账是在有关经济业务入账以后，对账簿记录所做的核对工作。各单位应当定期将会计账簿与实物、款项及有关资料相互核对，保证会计账簿记录与实物及款项的实有数字相符、会计账簿记录与会计凭证的有关内容相符，会计账簿之间相对应的记录相符、会计账簿记录与会计报表的有关内容相符。

对账的内容主要包括账证核对、账账核对、账实核对和账表核对。

（1）账证核对。账证核对是指各种账簿的记录与记账凭证及其所附的原始凭证相核对。这种核对通常是在日常核算中进行的，月终，如果发现账账不符，必须追本溯源，对账簿记录与会计凭证进行核对，以保证账证相符。会计凭证是登记账簿的依据，账证核对主要检查登账中的错误。核对时，将会计凭证和账簿的记录内容、数量、金额和会计科目等相互对比，保证二者相符。

（2）账账核对。账账核对是指对各种账簿之间的有关数字进行核对，其目的是通过账簿之间勾稽关系核对发现记账工作是否有误。主要包括：

1）总分类账各账户期末借方余额合计数与各账户期末贷方余额合计数核对。

2）总分类账各账户的本期借方和贷方发生额、期末余额与其所属的各明细账的本期借方和贷方发生额合计数、期末余额合计数进行核对。

3）现金日记账、银行存款日记账期末余额与有关总分类账期末余额进行核对。

4）会计部门与财产物资保管或使用部门的财产物资明细账进行核对。

（3）账实核对。账实核对是指将各种财产物资的账面余额与实有数额进行核对。主要包括：

1）现金日记账账面余额与现金实际库存数进行核对，并保证日清月结。

2）银行存款日记账账面余额与银行对账单进行核对，每月至少核对一次。

3）各种应收、应付款明细账账面余额与有关债务、债权单位或者个人的账目进行核对。

4）各种财产明细分类账的余额与其实物数额进行核对等。

（4）账表核对。账表核对是指将会计账簿记录与会计报表有关内容进行核对。主要包括：

1）核对会计报表中某些数字是否与有关总分类账的期末余额相符。

2）核对会计报表中某些数字是否与有关明细分类账的期末余额相符。

3）核对会计报表中某些数字是否与有关明细分类账的发生额相符。

2. 结账

结账就是把一定时期内所发生的经济业务全部登记入账后，计算并登记各账户的本期发生额及期末余额，并将余额结转下期以及划出结账标志的全过程。结账按其结算时期不同，主要有月结、季结和年结三种。

（1）月结。月结时应考虑各账户的特点分别采用不同的方法，具体如下：

1）对不需要按月结计本期发生额的账户，如结算类、资本类、财产物资类账户明细账，每次记账以后，都要随时结出余额，每月最后一笔余额就是月末余额，月末结账时，只需在最后一笔业务记录下面划通栏单红线即可。

2）对需要按月结计发生额和期末余额的账户，如现金、银行存款日记账，总账，成本费用、损益类明细账等，月末结账时，要加计本月的发生额并计算出余额。具体做法为：在最后一笔经济业务下面划通栏红线，日期栏内填写本月最后一天的日期，在摘要栏内注明“本月合计”字样，结出本期发生额和期末余额，再在“本月合计”行下面划通栏单红线。

3）对需要结计本年累计发生额的账户，如“本年利润”“利润分配”总账及所属明细账、采用“表结法”下的损益类账户，每月结账时，先在该月最后一笔经济业务下划通栏单红线，进行月结，再在“本月合计”行的下一行（本年累计行），结出自年初始至本月末止的累计发生额和月末余额，登记在月份发生额下面，在“摘要”栏内注明“本年累计”字样，在栏下划一条通栏单红线，12 月末“本年累计”就是全年累计发生额，应在全年累计发生额下面划通栏双红线。

4）总账平时只需结出月末余额，即只需在最后一笔经济业务记录之下划通栏单红线，不需要再结计一次余额。

（2）季结。一般总账才需要季度结账。由于在年终结账时要将所有总账结出全年发生额和年末余额，以便总括反映本年全年各项资金运动情况并核对账目，而总账在各月只结余额而不结发生额，为减少年终结账的工作量而把工作做在平时，对于总账就要进行季结。即在每季度结束时，应在季末月份月结后，分别结算出本季度借方、贷方本期发生额合计数和期末余额，在“摘要”栏内注明“本季合计”字样，并在该行下面再划一条通栏单红线。

（3）年结。企业在年度终了时，会计人员需要结账。凡有余额的账户，应将其余额结转下年，即将所有有余额的账户的余额直接过入新账余额栏内，而不需专门编制记账凭证，也不需要将余额再记入各账户的借（贷）方，使本年余额为零。

办理年结时，应在 12 月份月结下面（需办理季结的，应在第四季度的季结下面）

结算填列全年12个月的月结发生额和年末余额，如果没有余额，在余额栏内写上“平”，并在摘要栏内注明“本年合计”字样；然后，将年初借（贷）方余额抄列于下一行的借（贷）方栏内，并在“摘要”栏注明“年初余额”字样，同时将年末借（贷）方余额再填入下一行的贷（借）方栏内，在“摘要”栏注明余额“结转下年”字样；最后，分别加计借贷方合计数，并在合计数下面划通栏双红线表示封账，完成了年结工作。需要更换新账的，应在新账有关账户的第一行“摘要”栏内注明“上年结转”字样，并将上年的年末余额以相同的方向记入新账中的余额栏内。

对于新的会计年度建账问题，一般情况下总账、日记账和大多数明细账应每年更换一次，但有些财产物资明细账和债权债务明细账，由于材料品种、规格和往来单位较多，更换新账，重抄一遍工作量较大，因此，可以跨年度使用，不必每年更换，各种备查簿也可以连续使用。

二、登记现金日记账

根据第2章北京艺博有限公司实验编制的第1～8号记账凭证登记现金日记账，如表4-2所示。

表4-2 现金日记账

2023年		凭证号数	摘要	对方科目	借方										贷方										借或贷	余额									
月	日				千	百	十	万	千	百	十	元	角	分	千	百	十	万	千	百	十	元	角	分		千	百	十	万	千	百	十	元	角	分
12	1		期初余额																						借					2	0	0	0	0	0
	2	2	提现	银行存款				5	0	0	0	0	0	0																					
	2	2	发放职工工资	库存现金														5	0	0	0	0	0	0	借					2	0	0	0	0	0
	15	5	提取备用金	银行存款				2	0	0	0	0	0	0											借				2	2	0	0	0	0	0
	25	6	付游历借款	其他应收款															5	0	0	0	0	0	借				1	7	0	0	0	0	0
	25	7	游历交余款	其他应收款						5	0	0	0	0											借				1	7	5	0	0	0	0
	31		本月合计					7	0	5	0	0	0	0				5	5	0	0	0	0	0	借				1	7	5	0	0	0	0

三、登记银行存款日记账

根据第2章北京艺博有限公司实验编制的第1～8号记账凭证登记银行存款日记账，

如表 4－3 所示。

表 4－3　银行存款日记账

2023年		凭证号数	摘　要	对方科目	现金支票号码	转账支票号码	借　方										贷　方										借或贷	余　额									
月	日						千	百	十	万	千	百	十	元	角	分	千	百	十	万	千	百	十	元	角	分		千	百	十	万	千	百	十	元	角	分
12	1		期初余额																								借			1	2	0	0	0	0	0	0
	1	1	购材料																	4	7	4	6	0	0	0	借				7	2	5	4	0	0	0
	2	2	提现																	5	0	0	0	0	0	0	借				2	2	5	4	0	0	0
	10	4	收回还款							1	0	0	0	0	0	0											借				3	2	5	4	0	0	0
	15	5	提现																	2	0	0	0	0	0	0	借				1	2	5	4	0	0	0
	25	8	收销售款							5	6	5	0	0	0	0											借				6	9	0	4	0	0	0
			本月合计							6	6	5	0	0	0	0			1	1	7	4	6	0	0	0	借				6	9	0	4	0	0	0

四、登记明细分类账

根据第 2 章北京艺博有限公司实验编制的第 1～8 号记账凭证登记应收账款、原材料明细分类账，如表 4－4、表 4－5、表 4－6 所示，其他科目明细分类账略。

表 4－4　应收账款明细账

科目名称 北京星火公司

2023年		凭证号数	摘　要	对方科目	借　方										贷　方										借或贷	余　额									
月	日				千	百	十	万	千	百	十	元	角	分	千	百	十	万	千	百	十	元	角	分		千	百	十	万	千	百	十	元	角	分
12	1		期初余额																						借				1	0	0	0	0	0	0
	10	4	收回贷款															1	0	0	0	0	0	0	平										

表 4－5　原材料明细分类账

最高存量＿＿＿＿＿＿

最低存量＿＿＿＿＿＿

编号＿＿＿＿＿＿　　　　规则＿＿＿＿＿＿　　　　　　　　单位（吨）名称 甲材料

2023 年		凭证号数	摘　要	借　方												贷　方												余　额											
月	日			数量	单价	千	百	十	万	千	百	十	元	角	分	数量	单价	千	百	十	万	千	百	十	元	角	分	数量	单价	千	百	十	万	千	百	十	元	角	分
12	1		期初余额																									2000	60			1	2	0	0	0	0	0	0
	1	1	购入	500	60				3	0	0	0	0	0	0																								
	30		本月合计	500	60				3	0	0	0	0	0	0													2500	60			1	5	0	0	0	0	0	0

表 4－6　原材料明细分类账

最高存量＿＿＿＿＿＿

最低存量＿＿＿＿＿＿

编号＿＿＿＿＿＿　　　　规则＿＿＿＿＿＿　　　　　　　　单位（吨）名称 乙材料

2023 年		凭证号数	摘　要	借　方												贷　方												余　额											
月	日			数量	单价	千	百	十	万	千	百	十	元	角	分	数量	单价	千	百	十	万	千	百	十	元	角	分	数量	单价	千	百	十	万	千	百	十	元	角	分
12	1		期初余额																									400	20					8	0	0	0	0	0
	1	1	购入	600	20				1	2	0	0	0	0	0																								
	30		本月合计	600	20				1	2	0	0	0	0	0													1000	20				2	0	0	0	0	0	0

五、编制科目汇总表

根据第 2 章北京艺博有限公司实验编制的第 1～8 号记账凭证分别编制科目汇总表第 1 号、第 2 号（见表 4－7、表 4－8）。

表 4－7　科目汇总表

2023 年 12 月 1 日至 15 日　　　　汇字第 1 号

会计科目	借方金额										记账符号	贷方金额										记账符号
	千	百	十	万	千	百	十	元	角	分	√	千	百	十	万	千	百	十	元	角	分	√
库存现金				7	0	0	0	0	0	0					5	0	0	0	0	0	0	
银行存款				1	0	0	0	0	0	0				1	1	7	4	6	0	0	0	
应收账款															1	0	0	0	0	0	0	
原材料				4	2	0	0	0	0	0												
应付职工薪酬				5	0	0	0	0	0	0												
应交税费					5	4	6	0	0	0												
合　计			1	7	7	4	6	0	0	0				1	7	7	4	6	0	0	0	

会计主管　　记账　　审核　　制表

表 4－8　科目汇总表

2023 年 12 月 16 日至 31 日　　　　汇字第 2 号

会计科目	借方金额										记账符号	贷方金额										记账符号
	千	百	十	万	千	百	十	元	角	分	√	千	百	十	万	千	百	十	元	角	分	√
库存现金						5	0	0	0	0						5	0	0	0	0	0	
银行存款				5	6	5	0	0	0	0												
其他应收账款					5	0	0	0	0	0						5	0	0	0	0	0	
应交税费																6	5	0	0	0	0	
管理费用					4	5	0	0	0	0												
主营业务收入															5	0	0	0	0	0	0	
合　计				6	6	5	0	0	0	0					6	6	5	0	0	0	0	

会计主管　　记账　　审核　　制表

六、登记总分类账

根据科目汇总表第 1 号、第 2 号登记“库存现金”科目总分类账（见表 4－9），其他科目总分类账略。

表 4－9　总分类账

科目名称 库存现金

2023 年		凭证号数	摘要	借方										贷方										借或贷	余额									
月	日			千	百	十	万	千	百	十	元	角	分	千	百	十	万	千	百	十	元	角	分		千	百	十	万	千	百	十	元	角	分
12	1		期初余额																					借					2	0	0	0	0	0
	15	汇 1	汇总 1—15 日凭证				7	0	0	0	0	0	0				5	0	0	0	0	0	0	借				2	2	0	0	0	0	0
	31	汇 2	汇总 16—31 日凭证						5	0	0	0	0					5	0	0	0	0	0	借				1	7	5	0	0	0	0
	31		本月合计				7	0	5	0	0	0	0				5	0	0	0	0	0	0	借				1	7	5	0	0	0	0

第 5 章

错账更正实验

【实验目标】

通过本项实验，学生可以了解错账的查找方法，掌握更正错账的基本方法。

【实验要求】

1. 能够根据各种不同的具体业务情况识别出错账。
2. 掌握错账的更正方法，完成错账更正业务实验。

【实验内容与指导】

一、实验指导

错账是指在登记账簿过程中出现的错误，这些错误有的是记账人员的笔误，有的是由于记账凭证错误所导致的。出现错账以后，一方面应尽快查找原因；另一方面要按规范进行更正。查找和更正错账是会计实务中经常出现的业务，因此，要求会计人员必须掌握这一基本技能。

（一）错账的查找方法

在对账过程中，可能发生各种各样的差错。产生差错的原因可能是重记、漏记、数字颠倒、数字错位、数字记错、科目记错、借贷方向记反，从而影响会计信息的正确性，如发现差错，会计人员应及时查找并予以更正。常见的差错查找方法有以下几种。

1. 差数法

差数法是会计人员按照错账的差数查找错账的方法。如记账凭证上记录的是：

借：应交税费——应交增值税（进项税额）	2 350.00
——城市维护建设税	164.50
——教育费附加	70.50
贷：银行存款	2 585.00

若会计人员在登记明细账时漏记了教育费附加 70.50 元，那么在核对应交税费总账和明细账时，就会出现总账借方余额比明细账借方余额多 70.50 元的现象。对于类似差错，可由会计人员通过回忆相关金额的记账凭证进行查找。

2. 尾数法

尾数法用于查找属于“元角分”小数发生的错误。对于发生的“元角分”的差错可以只查找小数部分，以提高查错的效率，只需将账簿上的“元角分”三位数字重新计算一遍，视其结果如何，如果这样操作无效，则要逐笔核对，但仍只核对“元角分”三位数字。

3. 除二法

除二法用于查找因数字记反借贷方向而发生的错账。当账账、账证或账实不符且差数为偶数时，应首先检查记账方向是否发生错误。在记账时，有时会计人员疏忽，错将借方金额登记到贷方或将贷方金额登记到了借方，这必然会出现一方合计数增多而另一方合计数减少的情况，其差额恰是记错方向数字的 2 倍，且差数是偶数。对于这种错误的检查，可用差错数除以 2，得出的商数就是账中记账方向的反方向数字，再到账目中去寻找差错的数字就有了一定的目标。如：

借：其他应收款　　1 500

　贷：库存现金　　1 500

登记明细账时，错把“其他应收款”登记入贷方，核对总账与明细账时，就会出现总账借方余额大于明细账借方余额 3 000 元，将 3 000 元除以 2，正好是贷方记错的 1 500 元。

4. 除九法

除九法是指用于查找属于数字错位或颠倒造成的记账错误，运用除九法的前提是差错数必须能被 9 整除。它主要适用于下列两种错误的查找。

（1）数字错位。在查找错误时，如果差错的数额较大，就应该检查一下是否在记账时发生了数字错位。在登记账目时，会计人员有时会把位数看错，把十位数看成百位数，把百位数看成千位数，把小数看大了；也可能把百位看成十位，把千位看成百位数，把大数看小了。这种情况下，差错数额一般比较大，可以用除 9 法进行检查。如将 50 元看成 500 元并登记入账，此时在对账时就会出现余额差 500－50＝450（元），用 450 元除以 9，商为 50 元，50 元就是应该记录的正确数额。又如，收入现金 900 元，误记为 90 元，对账结果会出现差值 900－90＝810（元），用 810 元除以 9，商为 90 元，商数即为差错数。

（2）相邻数字颠倒错误的查找。在记账时，有时易将相邻的两位数或三位数的数字登记颠倒了，如将 995 记成 959，二者的差值是 36，用 36 除以 9，商数为 4，由于差异数为两位数，而商为个位数，则表明发生数字颠倒是在十位数与个位数之间，这样知道错误问题之后，进一步判断错在哪一笔业务上就可以了。

如果用上述方法检查均未发现错误，而对账结果又确实不符，还可以采用顺查、逆查、抽查等方法检查是否有漏记和重记等情况。顺查法是指按账务处理的顺序，从记账凭证开始到会计账簿记录止，从头到尾进行普遍核对。逆查法是指与会计账务处理顺序相反，从尾到头的检查方法。抽查法是指抽取账簿记录中某些局部进行检查的方法。

（二）错账的更正方法

错账在查出后必须及时按照规范的方法进行更正，严禁挖、擦、补、涂或任意撕毁账页重新抄录等错误行为。错账的更正方法主要有划线更正法、红字更正法和补充登记法。

1. 划线更正法

在结账前，如果发现账簿记录中文字或数字有错误而记账凭证没有错误，即纯属文字或数字在过账时的笔误，可采用划线更正法进行更正。

更正的方法是：将错误数字或文字全部划一条红线予以注销，并使原来的字迹清晰可见，然后在错账上方空白处用蓝字或黑字填写正确的数字或文字，并在红线末端加盖记账人印章，以明确责任。对于文字的错误，可以只划去错误的部分并进行更正；对于非文字错误的部分，必须全部划掉，并加盖印章以示负责。

2. 红字更正法

红字更正法又称红字冲销法。在记账后发现账簿的记录错误是由于记账凭证的会计科目发生错误或金额大于应记金额而导致账簿记录的错误，应采用红字更正法更正。红字更正法适用于以下两种情况：

（1）记账后，发现记账凭证中应借、应贷的会计科目或记账方向有错误，造成账簿记录错误。更正的方法是：用红字填制一张与原错误凭证内容完全相同的记账凭证，在“摘要”栏内注明“冲销×月×日××号凭证”字样，并据以用红字登记入账，以冲销原错误记录；然后用蓝字或黑字填制一张正确的记账凭证，在“摘要”栏内注明“订正×月×日××号凭证”字样，并据以登记入账。

（2）记账后，发现记账凭证中应借、应贷的会计科目或记账方向没有错误，只是所记的金额大于应记的金额，造成账簿记录错误。更正的方法是：将多记的金额用红字填制一张与原凭证内容完全相同的记账凭证，在“摘要”栏内注明“冲销×月×日××号凭证多记金额”字样，并据以用红字登记入账，以冲销原多记金额。

3. 补充登记法

在记账后发现账簿记录错误是由于记账凭证所记金额小于应记的金额引起的，但记账凭证中应借、应贷的会计科目、记账方向都没有错误，在这种情况下，应采用补充登记法。

更正的方法是：将少记的金额用蓝字填制一张与原错误记账凭证借贷会计科目和记账方向相同的记账凭证，在“摘要”栏内注明“更正×月×日××号凭证”字样，并据以登记入账，以补记少记金额。

二、错账更正具体操作

雅佳公司 2023 年 12 月份发生以下部分经济业务，要求分析不同情况下会计人员对于差错更正采用的处理方法。

（一）划线更正法

【例 5-1】 12 月 10 日，李潇购买办公用品 8 560 元，以支票支付。会计人员根据有关原始凭证，编制银付字第 10 号记账凭证，并据以登记到账簿中。但会计人员在结账前核对账目时发现管理费用明细账记录的金额为 8 650 元，如图 5-1 所示。

付 款 凭 证

贷方科目：银行存款　　　　2023 年 12 月 10 日　　　　银付字第 10 号

摘要	借方总账科目	明细科目	记账√	金额									
				千	百	十	万	千	百	十	元	角	分
支付办公费	管理费用							8	5	6	0	0	0
合计							¥	8	5	6	0	0	0

附单据 2 张

财务主管 杨楠　　记账 许佳慧　　出纳 吴新宇　　审核 乔立新　　制单 王妍

图 5-1

【分析】 由于上述问题属于账簿记录发生的错误，而记账凭证正确，因此，应采用划线更正法予以更正。

【更正方法】 将错误数字或文字全部划一条红线予以注销，并使原来的字迹清晰可见，然后在红线上方空白处用蓝字或黑字填写正确的数字或文字，并由更正人员在更正处盖章，以明确责任。管理费用明细账的更正情况见表 5-1。

表 5-1　管理费用明细账

2023 年		凭证号数	摘要	对方科目	借方										贷方										借或贷	余额									
月	日				千	百	十	万	千	百	十	元	角	分	千	百	十	万	千	百	十	元	角	分		千	百	十	万	千	百	十	元	角	分
12	1	转 5	付差旅费	其他应收款					1	4	5	0	0	0																					
	3	银付 6	付电话费	银行存款					4	6	0	0	0	0																					
	5	银付 9	付水电费	银行存款						8	0	0	0	0																					
	10	银付 10	付办公费	银行存款					8 ~~8~~	5 ~~6~~	6 ~~5~~	0 ~~0~~	0 ~~0~~	0 ~~0~~																					
	11	现付 10	付书刊费	库存现金						2	0	1	0	0																					
	12	现付 12	付招待费	库存现金						8	7	0	0	0																					

（二）红字冲销法

【例 5－2】 12 月 13 日办公室王然报销资料费 437.45 元，以现金支付。会计人员编制现付字第 13 号记账凭证（见图 5－2），会计人员误将 437.45 元记录为 473.45 元，并据以登记会计账簿。管理费用明细账记录情况见表 5－2。

付　款　凭　证

贷方科目：库存现金　　　　2023 年 12 月 13 日　　　　现付字第　13　号

摘　要	借方总账科目	明 细 科 目	记账√	金额 千	百	十	万	千	百	十	元	角	分	
支付资料费	管理费用								4	7	3	4	5	附单据 1 张
合计								¥	4	7	3	4	5	

财务主管 杨楠　　记账 许佳慧　　出纳 吴新宇　　审核 乔立新　　制单 王妍

图 5－2

表 5－2　管理费用明细账

科目名称＿＿＿＿＿＿

2023 年 月	日	凭证号数	摘　要	对方科目	借方 千	百	十	万	千	百	十	元	角	分	贷方 千	百	十	万	千	百	十	元	角	分	借或贷	余额 千	百	十	万	千	百	十	元	角	分
12	1	转 5	付差旅费	其他应收款					1	4	5	0	0	0																					
	3	银付 6	付电话费	银行存款					4	6	0	0	0	0																					
	5	银付 9	付水电费	银行存款						8	0	0	0	0																					
	10	银付 10	付办公费	银行存款					8 ~~8~~	5 ~~6~~	6 ~~5~~	0 ~~0~~	0 ~~0~~	0 ~~0~~																					
	11	银付 10	付书刊费	库存现金						2	0	1	0	0																					
	12	现付 12	付招待费	库存现金						8	7	0	0	0																					
	13	现付 13	付资料费	库存现金						4	7	3	4	5																					
	15	现付 15	付办公费	库存现金						4	3	0	0	0																					

【分析】 这种错误属于记账凭证编制错误，虽然会计科目运用正确、方向正确，但所记金额大于应记金额，因此应采用红字冲销法予以更正。

【更正方法】 用红字填制一张与原记账凭证会计科目相同、方向相同，但数字为差额的红字冲销凭证，并据以登记到管理费用明细账和现金日记账中去。更正记账凭证和管理费用明细账见图 5－3、表 5－3，现金日记账更正方法略。

付　款　凭　证

贷方科目：库存现金　　　　　2023 年 12 月 17 日　　　　　付字第　18　号

摘　　要	借方总账科目	明 细 科 目	记账√	千	百	十	万	千	百	十	元	角	分
冲销12月13日现付13号凭证多记金额	管理费用									3	6	0	0
合计									¥	3	6	0	0

附单据 1 张

财务主管 杨楠　　　记账 许佳慧　　　出纳 吴新宇　　　审核 乔立新　　　制单 王妍

图 5－3

表 5－3　管理费用明细账

科目名称＿＿＿＿＿＿

2023 年		凭证号数	摘　要	对方科目	借　方										贷　方										借或贷	余　额									
月	日				千	百	十	万	千	百	十	元	角	分	千	百	十	万	千	百	十	元	角	分		千	百	十	万	千	百	十	元	角	分
12	1	转 5	付差旅费	其他应收款					1	4	5	0	0	0																					
	3	银付 6	付电话费	银行存款					4	6	0	0	0	0																					
	5	银付 9	付水电费	银行存款						8	0	0	0	0																					
	10	银付 10	付办公费	银行存款					8 ~~8~~	5 ~~6~~	6 ~~5~~	0 ~~0~~	0 ~~0~~	0 ~~0~~																					
	11	现付 10	付书刊费	库存现金						2	0	1	0	0																					
	12	现付 12	付招待费	库存现金						8	7	0	0	0																					
	13	现付 13	付资料费	库存现金						4	7	3	4	5																					
	15	现付 15	付办公费	库存现金						4	3	0	0	0																					
	17	现付 18	更正现付 13	库存现金							3	6	0	0																					

（三）补充登记法

【例 5－3】 12 月 19 日办公室李晨报销会议费 960 元，以现金支付。会计人员根据有关原始凭证，编制现付字第 20 号记账凭证（见图 5－4），误将 960 元记录为 690 元，并据以登记会计账簿。管理费用明细账记录情况见表 5－4。

付 款 凭 证

贷方科目：库存现金　　　　2023 年 12 月 19 日　　　　现付字第 20 号

摘　要	借方总账科目	明细科目	记账√	金额 千	百	十	万	千	百	十	元	角	分
支付会议费	管理费用	会议费							6	9	0	0	0
合计								¥	6	9	0	0	0

附单据 1 张

财务主管 杨楠　　记账 许佳慧　　出纳 吴新宇　　审核 乔立新　　制单 王妍

图 5-4

表 5-4　管理费用明细账

科目名称____________

2023 年 月	日	凭证号数	摘要	对方科目	借方 千	百	十	万	千	百	十	元	角	分	贷方 千	百	十	万	千	百	十	元	角	分	借或贷	余额 千	百	十	万	千	百	十	元	角	分
12	1	转 5	付差旅费	其他应收款					1	4	5	0	0	0																					
	3	银付 6	付电话费	银行存款					4	6	0	0	0	0																					
	5	银付 9	付水电费	银行存款						8	0	0	0	0																					
	10	银付 10	付办公费	银行存款					8 ~~8~~	5 ~~6~~	6 ~~5~~	0 ~~0~~	0 ~~0~~	0 ~~0~~																					
	11	现付 10	付书刊费	库存现金						2	0	1	0	0																					
	12	现付 12	付招待费	库存现金						8	7	0	0	0																					
	13	现付 13	付资料费	库存现金						4	7	3	4	5																					
	15	现付 15	付办公费	库存现金						4	3	0	0	0																					
	17	现付 18	更正现付 13	库存现金							3	6	0	0																					
	19	现付 20	支付会议费	库存现金						6	9	0	0	0																					

【分析】这种错误属于记账凭证编制错误，虽然会计科目运用正确、方向正确，但所记金额小于应记金额，因此应采用补充登记法予以更正。

【更正方法】需填制一张与原记账凭证借贷会计科目相同、方向相同，但数字为差额的蓝字补充凭证，并据以登记到管理费用明细账和现金日记账中去。更正记账凭证和管理费用明细账见图 5-5、表 5-5，现金日记账更正方法略。

付 款 凭 证

贷方科目：库存现金　　　　2023 年 12 月 21 日　　　　现付字第 22 号

摘　要	借方总账科目	明细科目	记账√	金额									
				千	百	十	万	千	百	十	元	角	分
补充 12 月 19 日现付 20 号凭证	管理费用	会议费							2	7	0	0	0
合计								¥	2	7	0	0	0

附单据 1 张

财务主管 杨楠　　记账 许佳慧　　出纳 吴新宇　　审核 乔立新　　制单 王妍

图 5－5

表 5－5　管理费用明细账

2023年		凭证号数	摘要	对方科目	借方										贷方										借或贷	余额									
月	日				千	百	十	万	千	百	十	元	角	分	千	百	十	万	千	百	十	元	角	分		千	百	十	万	千	百	十	元	角	分
12	1	转 5	付差旅费	其他应收款					1	4	5	0	0	0																					
	3	银付 6	付电话费	银行存款					4	6	0	0	0	0																					
	5	银付 9	付水电费	银行存款						8	0	0	0	0																					
	10	银付 10	付办公费	银行存款					8 ~~8~~	5 ~~6~~	6 ~~5~~	0 ~~0~~	0 ~~0~~	0 ~~0~~																					
	11	现付 10	付书刊费	库存现金						2	0	1	0	0																					
	12	现付 12	付招待费	库存现金						8	7	0	0	0																					
	13	现付 13	付资料费	库存现金						4	7	3	4	5																					
	15	现付 15	付办公费	库存现金						4	3	0	0	0																					
	17	现付 18	更正现付 13	库存现金							3	6	0	0																					
	19	现付 20	支付会议费	库存现金						6	9	0	0	0																					
	21	现付 22	补充现付 20	库存现金						2	7	0	0	0																					

第6章

财产清查实验

【实验目标】

通过本章实验，学生在理解银行存款清查方法的基础上，分析银行存款日记账与银行对账单记录不符的原因，能够查找未达账项并掌握银行存款余额调节表的编制方法。

【实验要求】

1. 根据企业银行存款日记账与银行对账单，对其进行逐笔核对，找出未达账项。
2. 编制银行存款余额调节表，确定企业的银行存款实有余额。

【实验内容与指导】

一、实验指导

（一）银行存款清查的方法

银行存款清查核对是企业财产清查的一个重要组成部分，它是根据企业银行存款日记账和银行发出的对账单进行的。

在对银行存款的清查中，企业出纳人员应定期将银行存款日记账的记录与银行对账单进行核对，至少每月核对一次，如两者不一致，必须逐笔查清原因并进行抄列，同时编制银行存款余额调节表使之相符。

（二）银行存款清查的程序

（1）企业在与银行核对账目之前，先将企业的银行存款业务全部登记入银行存款日记账，并检查银行存款日记账的正确性和完整性。

（2）将企业银行存款日记账上的收付款项与银行对账单进行逐笔核对，既要核对借贷方发生额，又要核对结算凭证种类和号码。双方一致的在日记账和对账单上同时打“√”，表示核对相符。

(3) 根据对二者的核对结果，对错误的部分进行标注。产生错误的原因有两个：一是记账错误，属于企业自身错误的应当立即更正，属于银行错误的，应及时与银行协商解决；二是存在未达账项，应编制银行存款余额调节表。

(三) 银行存款余额调节表

未达账项是在企业和银行之间，由于结算凭证在传递和办理转账手续时间上的不一致，造成的一方已登记入账而另一方未登记入账的款项。具体有四种情况：

(1) 企业已经收款入账，银行尚未收款入账的款项；

(2) 企业已经付款入账，银行尚未付款入账的款项；

(3) 银行已经收款入账，企业尚未收款入账的款项；

(4) 银行已经付款入账，企业尚未付款入账的款项。

未达账项的调节方法，一般是通过编制银行存款余额调节表，在双方账面余额的基础上，分别补记对方已经记账而自身尚未记账的账项金额，然后验证调节后的双方余额是否相符。

二、实验资料

雅佳公司 2023 年 12 月 21—31 日银行存款日记账账面记录和银行对账单分别如表 6-1、表 6-2 所示。

假设企业与银行账面记录 12 月 21 日前均核对无误，12 月 21—31 日双方账面余额计算均无错误，编制的银行存款余额调节表应保持平衡。

表 6-1 银行存款日记账

开户行：66889723457　　单位：元

2023 年		凭证号	摘要	对应科目	结算凭证		借方	贷方	余额
月	日				种类	号码			
12	21		承前页						550 380.00
12	21	银付 45	购入材料	材料采购	转支	＃4704		57 000.00	493 380.00
12	22	银付 46	偿付货款	应付账款	转支	＃3004		32 000.00	461 380.00
12	22	银付 47	提取现金	库存现金	现支	＃9764		8 000.00	453 380.00
12	23	银付 48	支付广告费	销售费用	转支	＃4706		101 000.00	352 380.00
12	23	银收 21	收回货款	应收账款	委收	＃2005	32 100.00		384 480.00
12	24	银付 49	代垫运杂费	应收账款	转支	＃4722		5 200.00	379 280.00
12	25	银付 50	预付差旅费	其他应收款	现支	＃9765		2 500.00	376 780.00

续表

2023 年		凭证号	摘要	对应科目	结算凭证		借方	贷方	余额
月	日				种类	号码			
12	25	银收 22	销售产品	主营业务收入	委收	#2007	21 340.00		398 120.00
12	26	银付 51	购入设备	固定资产	汇票	#3006		32 150.00	356 970.00
12	27	银付 52	购办公用品	管理费用	转支	#4725		4 300.00	352 670.00
12	28	银付 53	预付货款	预付账款	转支	#4729		10 000.00	452 670.00
12	29	银收 23	收回货款	应收账款	转支	#4796	12 000.00		363 670.00
12	30	现付 12	存入现金	库存现金	回单		102 000.00		465 670.00
12	30	银付 54	预付差旅费	其他应收款	现支	#9769		2 500.00	463 170.00
12	31		合计				167 440.00	254 650.00	463 170.00

表 6-2　银行对账单

单位：元

2023 年		结算凭证		摘　要	借　方	贷　方	余　额
月	日	种类	号数				
12	21			承前页			550 380.00
12	21	转支	#4704	付货款	57 000.00		493 380.00
12	22	现支	#9764	提取现金	8 000.00		485 380.00
12	24	转支	#4706	支付广告费	101 000.00		384 380.00
12	25	特转	#2590	存款利息		6 000.00	390 380.00
12	25	现支	#9765	提差旅费	2 500.00		387 380.00
12	27	转支	#4725	付用品款	4 300.00		383 580.00
12	29	转支	#3004	付货款	32 000.00		351 580.00
12	29	专托	#6832	付电话费	4 000.00		347 580.00
12	29	专托	#2306	支付水电费	5 000.00		342 580.00
12	30	特转	#3003	贷款利息	3 000.00		339 580.00
12	30			存入现金		102 000.00	441 580.00
12	31	委收	#2010	代收运费		3 000.00	444 580.00
12	31	汇票	#3006	购设备	32 150.00		412 430.00
12	31			月末余额			412 430.00

三、银行存款余额调节表的编制

会计人员逐笔核对发生的经济业务，对于双方一致的记录，在企业银行存款日记账和银行对账单上同时用铅笔进行标记，对只有一方记账的记录不作标记，视为未达账项。核对后发现未达账项情况如下：

（1）企业已收、银行未收的款项 3 笔，金额 65 440 元；

（2）企业已付、银行未付的款项 3 笔，金额 17 700 元；

（3）银行已收、企业未收的款项 2 笔，金额 9 000 元；

（4）银行已付、企业未付的款项 3 笔，金额 12 000 元。

根据上述未达账项，编制银行存款余额调节表，如表 6－3 所示。

表 6－3　银行存款余额调节表

编制单位：雅佳公司　　　　2023 年 12 月 31 日　　　　单位：元

项　目	金　额	项　目	金　额
银行对账单余额	412 430	企业银行存款日记账余额	463 170
加：企业已收、银行未收的款项	65 440	加：银行已收、企业未收的款项	9 000
减：企业已付、银行未付的款项	17 700	减：银行已付、企业未付的款项	12 000
调节后余额	460 170	调节后余额	460 170

第 7 章

会计报表实验

【实验目标】

通过本章实验，学生在掌握试算平衡并登记总账的基础上，能够熟练编制会计报表。学生通过实际编制报表，理解企业财务报表的种类和基本格式，重点掌握资产负债表和利润表的基本结构、内容和编制方法，提高会计实践能力。

【实验要求】

1. 根据实验资料编制资产负债表。
2. 根据实验资料编制利润表。

【实验内容与指导】

一、实验指导

（一）资产负债表

资产负债表是反映企业某一特定日期财务状况的报表。它是根据“资产＝负债＋所有者权益”这一会计等式，按照一定的分类标准和顺序，把企业一定日期的资产、负债和所有者权益各项目进行适当的排列编制而成的。每一个会计主体都必须定期编制资产负债表。

1. 资产负债表的结构

资产负债表的结构是指资产负债表的构成部分以及各构成项目的排列规则，包括表首标题、报表主体和附注三部分。表首标题列示资产负债表的名称、编制单位、编制日期、货币单位等；报表主体包括资产、负债和所有者权益各项目的期末余额和年初余额，是资产负债表的主要部分，反映企业在一定日期的资产、负债和所有者权益的状况；附注则用于进一步说明报表的主要项目和编制基础。

我国企业的资产负债表通常采用账户式。账户式资产负债表是按照分类账户的格式，将资产列示在报表的左方，负债和所有者权益列示在报表的右方，报表左右两方金额相等。

2. 资产负债表的编制方法

资产负债表反映企业月末或年末全部资产、负债和所有者权益情况，表中金额包括“期末余额”和“上年年末余额”两栏。

“上年年末余额”一栏各项目是根据上年末资产负债表有关项目的“期末余额”填列。

“期末余额”一栏是根据本年度各有关总分类账户和明细分类账户的期末余额分析计算填列。具体编制方法如下：

（1）直接根据总账科目余额填列。资产负债表中大部分项目需要根据相应的总账科目期末余额直接填列。例如，“交易性金融资产”“固定资产清理”“递延所得税资产”“短期借款”“应付票据”“应付职工薪酬”“应交税费”“递延所得税负债”“实收资本”“资本公积”“盈余公积”等项目。

（2）根据几个总账科目的余额计算后填列。资产负债表中有的项目需要根据若干总账科目期末余额计算后填列。例如，“货币资金”项目，根据“库存现金”“银行存款”“其他货币资金”科目的期末余额合计填列；1—11 月份时“未分配利润”项目，根据“本年利润”科目期末贷方余额加“利润分配”科目期末贷方余额的数额填列（如发生亏损，有未弥补的亏损，则应在本项目内以“—”号填列）；“存货”项目，根据“在途物资”“原材料”“库存商品”“生产成本”等科目的期末余额计算填列。

（3）根据明细科目余额计算后填列。资产负债表中有的项目不能根据总账科目的期末余额或几个总账科目的期末余额简单计算后填列，而需要根据总账科目及其所属明细科目的期末余额分析计算后填列。例如，“应收账款”项目，应根据“应收账款”“预收账款”所属明细科目期末借方余额合计填列（应收账款提取了坏账准备的，填列该项目时，还应扣除期末坏账准备贷方余额）；“预付账款”项目，应根据“应付账款”“预付账款”所属明细科目期末借方余额合计填列；“应付账款”项目，应根据“应付账款”“预付账款”所属明细科目期末贷方余额合计填列；“预收账款”项目，应根据“应收账款”“预收账款”所属明细科目期末贷方余额合计填列等。

（4）根据总账科目和明细科目的余额分析计算填列。资产负债表中有的项目应根据总账科目以及明细科目的余额分析计算后填列。例如，“长期借款”项目，应根据“长期借款”总账科目的余额扣除其所属明细科目中反映的将于一年内到期偿还金额后的余额填列。“长期借款”中将于一年内到期偿还的金额，应在流动负债类下“一年内到期的非流动负债”项目内单独反映。再如，“长期待摊费用”项目，应根据“长期待摊费用”总账科目的余额扣除其所属明细科目中反映的将于一年内到期摊销金额后的余额填列。“长期待摊费用”中将于一年内到期摊销的金额，应在流动资产类下“一年内到期的非流动资产”项目内单独反映。

（5）根据总账科目余额减去其备抵科目余额后的净额填列。资产负债表中有些项目需要根据该科目的有关期末余额减去其所计提的各种减值准备后的净额填列。例如，“存货”项目，应根据“材料采购”“原材料”“在途物资”“库存商品”“生产成本”“材料成本差异”等科目的借方余额合计数额减去“存货跌价准备”科目期末余额的净额填列；“固定资产”项目，应根据“固定资产”科目期末余额减“累计折旧”“固定资产减值准备”科目期末余额后的净额填列；“无形资产”项目，应根据“无形资产”科目期末余额减“累计摊销”“无形资产减值准备”科目期末余额后的净额填列等。

（二）利润表

利润表是反映企业在一定会计期间（月份、季度或年度）的经营成果的会计报表。它反映的是某一期间的情况，因此又称为动态报表。利润表是根据“利润＝收入－费用”会计等式，按照一定排列顺序编制的。

1. 利润表的结构

利润表的结构是指其主要内容在报表中的位置及其各具体项目的排列顺序。它是由表首、正表和补充资料三个部分组成。表首部分包括报表名称、编制单位、编制日期、报表编号和货币单位等；正表部分按照会计准则的规定采用自上而下的多步骤报告式结构。

利润表的格式主要有多步式和单步式两种。按照我国企业会计准则的规定，我国企业的利润表采用多步式。多步式利润表要通过多步计算确定企业当期的净利润。其主要编制步骤和内容如下。

第一步，以营业收入为基础，减去营业成本、税金及附加、各项营业费用项目，加上各项营业收益项目，计算得出营业利润。

营业利润＝营业收入－营业成本－税金及附加－销售费用－管理费用－研发费用－财务费用＋其他收益±公允价值变动收益（损失）±投资收益（损失）－信用减值损失－资产减值损失±资产处置收益（损失）。

第二步，以营业利润为基础，加上营业外收入，减去营业外支出，计算出利润总额。

第三步，以利润总额为基础，减去所得税费用，计算出净利润（或净亏损）。

第四步，以净利润为基础，加上其他综合收益的税后净额，计算出综合收益总额。

2. 利润表的编制方法

利润表各项目均需填列“本期金额”和“上期金额”两栏。表中“本期金额”栏反映各项目本期实际发生数。“本期金额”各项目的填列方法如下：

（1）“营业收入”项目，应根据“主营业务收入”“其他业务收入”科目的发生额分析填列。

（2）“营业成本”项目，应根据“主营业务成本”“其他业务成本”科目的发生额分析填列。

（3）“税金及附加”“销售费用”“管理费用”“财务费用”“信用减值损失”“公允价

值变动收益”“投资收益”“资产处置收益”“营业外收入”“营业外支出”“所得税费用”等项目，应分别根据“税金及附加”“销售费用”“管理费用”“财务费用”“信用减值损失”“公允价值变动收益”“投资收益”“资产处置收益”“营业外收入”“营业外支出”“所得税费用”等科目的发生额分析填列。

利润表中“营业利润”“利润总额”“净利润”各项目，根据本表中相关项目计算结果填列，如为亏损则以“—”号填列。“上期金额”应根据上期利润表“本期金额”栏内所列数字填列。普通股或潜在普通股已公开交易的企业，以及正处于公开发行普通股或潜在普通股过程中的企业，还应当在利润表中列示每股收益信息。

二、实验资料

(1) 绿馨公司20××年12月31日有关总账、明细账余额资料如表7-1所示。

表7-1 绿馨公司总账、明细账余额表

20××年12月31日　　单位：元

科目名称		期末余额	
总账	明细账	借方	贷方
库存现金		12 000	
银行存款		156 000	
应收账款		1 200	
	——甲公司	1 700	
	——乙公司		500
其他应收款		6 400	
预付账款		850	
	——丙公司		150
	——丁公司	1 000	
材料采购		2 550	
原材料		30 000	
库存商品		62 000	
生产成本		3 000	
固定资产		800 000	
累计折旧			193 000
短期借款			60 000
应付账款			400
	——A公司		1 000

续表

科目名称		期末余额	
总账	明细账	借方	贷方
	——B 公司	600	
其他应付款			19 500
应付职工薪酬			1 500
应交税费			18 400
长期借款			45 000
其中：一年内到期的长期借款			30 000
实收资本			569 700
盈余公积			55 000
本年利润			136 500
利润分配		25 000	

（2）绿馨公司 20××年 12 月份损益类科目发生额如表 7－2 所示。

表 7－2　绿馨公司损益类科目发生额表

20××年 12 月　　　　单位：元

项　　目	本年累计发生额
主营业务收入	270 000
其他业务收入	30 000
主营业务成本	125 000
税金及附加	2 000
管理费用	15 800
销售费用	20 000
财务费用	4 200
营业外收入	20 000
营业外支出	8 000
所得税费用	47 850

三、会计报表的编制

（一）根据实验资料编制资产负债表

根据绿馨公司 20××年有关资料，编制资产负债表（见表 7－3）。

表 7-3　资产负债表

编制单位：绿馨公司　　　　20××年12月31日　　　　单位：元

资产	期末余额	上年年末余额	负债和所有者权益	期末余额	上年年末余额
流动资产：			流动负债：		
货币资金	168 000		短期借款	60 000	
交易性金融资产			应付票据		
应收票据			应付账款	1 150	
应收账款	1 700		预收款项	500	
预付款项	1 600		应付职工薪酬	1 150	
其他应收款	6 400		应交税费	18 400	
存货	97 550		其他应付款	19 500	
一年内到期的非流动资产			一年内到期的非流动负债	30 000	
其他流动资产			其他流动负债		
流动资产合计	275 250		流动负债合计	131 050	
非流动资产：			非流动负债：		
债权资产			长期借款	15 000	
长期应收款			应付债券		
长期股权投资			长期应付款		
其他权益工具投资			递延所得税负债		
固定资产	607 000		其他非流动负债		
在建工程			非流动负债合计	15 000	
无形资产			负债合计	146 050	
开发支出			所有者权益：		
长期待摊费用			实收资本	569 700	
递延所得税资产			资本公积		
其他非流动资产			减：库存股		
非流动资产合计	607 000		其他综合收益		
			盈余公积	55 000	
			未分配利润	111 500	
			所有者权益合计	736 200	
资产总计	882 250		负债和所有者权益总计	882 250	

其中：

货币资金＝12 000＋156 000＝168 000（元）

应收账款＝1 700（元）

预付款项＝1 000＋600＝1 600（元）

存货＝2 550＋30 000＋62 000＋3 000＝97 550（元）

应付账款＝1 000＋150＝1 150（元）

预收款项＝500（元）

（二）根据实验资料编制利润表

根据绿馨公司 20××年有关资料，编制利润表（见表 7-4）。

表 7-4　利润表

编制单位：绿馨公司　　　　20××年 12 月　　　　单位：元

项　目	本期金额	上期金额
一、营业收入	300 000	略
减：营业成本	125 000	
税金及附加	2 000	
销售费用	20 000	
管理费用	15 800	
研发费用		
财务费用	4 200	
加：其他收益		
投资收益（损失以“一”号填列）		
公允价值变动收益（损失以“一”号填列）		
信用减值损失（损失以“一”号填列）		
资产减值损失（损失以“一”号填列）		
资产处置收益（损失以“一”号填列）		
二、营业利润（亏损以“一”号填列）	133 000	
加：营业外收入	20 000	
减：营业外支出	8 000	
三、利润总额（亏损总额以“一”号填列）	145 000	
减：所得税费用	47 850	
四、净利润（净亏损以“一”号填列）	97 150	
五、其他综合收益的税后净额		
六、综合收益总额		
七、每股收益：		
（一）基本每股收益		
（二）稀释每股收益		

第二篇　综合实验

第8章

会计业务综合实验

【实验目标】

通过综合实验，学生可以学习和掌握会计业务处理的技术和技巧，提高从事会计工作的基本技能，培养和提高自身的综合实践能力。

【实验要求】

1. 根据北京市新欣公司的实验资料，学习和掌握原始凭证和记账凭证的编制方法。

2. 掌握现金日记账、银行存款日记账、明细分类账、总分类账的登记方法及其试算平衡原理。

3. 依据会计学理论编制资产负债表和利润表。

【综合实验资料】

一、模拟公司相关资料

（一）基本情况

北京市新欣公司基本情况参见表8－1。

表8－1　北京市新欣公司基本情况表

企业名称	北京市新欣公司	企业性质	股份有限公司
法人代表	陈兴和	纳税人性质	一般纳税人（13%）
统一社会信用代码/纳税人识别号	110108101378258	企业单位编码	46578923
开户银行及账号	中国工商银行北京市分行上地经济开发区支行（简称工行上地支行）760037886250	注册资本	600万元

续表

地　　址	北京市上地南路89号	主要产品	甲产品、乙产品
电　　话	010－88440536	生产组织情况	厂部 基本生产：一车间、二车间 辅助生产：机修车间、供电车间

北京市新欣公司生产的两种产品生产工艺基本相同：将原材料投入一车间开始生产，加工成半成品，经查验合格后直接送交二车间；再向二车间投入原材料继续对半成品进行生产，直至加工成产成品，经检验合格后送交产成品仓库方可对外出售。

（二）有关财务制度规定

（1）坏账损失的核算采用备抵法，采用“应收账款余额百分比法”，计提比例为3%。

（2）原材料采用计划成本核算。“材料采购”和“材料成本差异”账户按原材料设置明细账。采购费用按材料重量进行分配。收入材料的计划成本和成本差异采用逐日结转的方法；发出材料的计划成本在月末根据发料凭证进行汇总，编制“发料凭证汇总表”一并结转，并同时计算结转发出材料应负担的材料成本差异。

（3）库存商品采用月末一次加权平均法核算。

（4）固定资产折旧政策采用平均年限法。

（5）固定资产修理中发生的中小修理费用、大修理费用，直接计入当月的费用。

（6）成本类账户设置“基本生产成本”“辅助生产成本”“制造费用”。“基本生产成本”按生产车间和产品设置明细账；“辅助生产成本”按车间设置明细账；“制造费用”按生产车间设置明细账，各车间制造费用采用生产工人工资比例进行分配。辅助生产车间的制造费用不单独设置制造费用明细账，直接记入“辅助生产成本”科目。

（7）产品成本核算采用逐步结转分步法，一车间产品成本采用实际成本分项结转的方法计入二车间产品成本明细账。两个车间的月末在产品均采用约当产量比例法计算确定。

（8）公司为增值税一般纳税人，税率为13%，消费税税率为5%，城市维护建设税和教育费附加分别按增值税和消费税税额的7%和3%计算，所得税税率为25%。

（9）法定盈余公积提取率为10%，按净利润的40%向投资者分配利润。

（10）利润结转采用账结法。

（11）采用科目汇总表账务处理程序，每半个月汇总一次。

（12）财务人员及其职责：

财务经理：李明

出纳员：刘梓萌

会计人员：王智、吴鑫、张静、王宁、张诚、李萌、陈敏、王宇、王欣雨、张建军。

（三）总分类账户及有关明细分类账户期初余额情况

北京市新欣公司 2023 年 12 月 1 日总分类账户及有关明细分类账户的期初余额情况如表 8－2、表 8－3、表 8－4、表 8－5、表 8－6、表 8－7 所示。

表 8－2　总分类账户余额表

2023 年 12 月 1 日　　金额单位：元

账户名称	借方余额	账户名称	贷方余额
库存现金	13 370.62	短期借款	300 000
银行存款	1 084 222.64	应付票据	20 000
交易性金融资产	600 000	应付账款	24 400
应收票据	83 000	应付职工薪酬	45 263.47
应收账款	250 830	应交税费	41 858.80
其他应收款	2 000	应付利息	24 000
原材料	30 000	其他应付款	1 600（京顺公司）
库存商品	153 153.88	长期借款	621 000
基本生产成本	46 013.52	股本	1 400 000
固定资产	1 023 000	资本公积	390 000
无形资产——非专利技术	110 000	盈余公积	157 650.48
		本年利润	30 000（1—11 月净利润）
		未分配利润	14 527.29
		材料成本差异	635.62
		坏账准备	8 035
		存货跌价准备	10 000
		固定资产减值准备	40 000
		累计折旧	266 620
合　计	3 395 590.66	合　计	3 395 590.66

表 8－3　明细分类账户余额表

2023 年 12 月 1 日　　金额单位：元

总账账户	明细账账户	借或贷	余额
应收账款			250 830
	北京市顺达厂	借	23 000
	天津红星厂	借	115 000

续表

总账账户	明细账账户	借或贷	余额
	蓝天公司	借	58 000
	华兴公司	借	54 830
应收票据			83 000
	大连阳光公司	借	35 000
	青岛万达公司	借	48 000
固定资产			1 023 000
	机器设备	借	626 000
	生产线	借	152 000
	办公设备	借	245 000
其他应收款	李跃进	借	2 000
应付账款	天津海天公司	贷	24 400
应付票据	亿龙公司	贷	20 000
应交税费			41 858.80
	应交所得税	贷	26 362
	应交增值税	贷	11 638
	应交消费税	贷	2 450
	应交城市维护建设税	贷	986.16
	应交教育费附加	贷	422.64

表 8-4　原材料明细账

2023 年 12 月 1 日　　金额单位：元

原材料名称	单位	数量	计划价格	计划成本
A	千克	900	10	9 000
B	千克	540	18	9 720
C	千克	470	24	11 280
合计				30 000

表 8-5　库存商品明细账

2023 年 12 月 1 日　　金额单位：元

商品名称	单位	数量	单价	金额
甲产品	件	284	240.32	68 250.88

续表

商品名称	单位	数量	单价	金额
乙产品	件	325	261.24	84 903
合计				153 153.88

表 8-6　基本生产成本明细账——一车间

2023 年 12 月 1 日　　金额单位：元

产品名称	数量	直接材料	直接人工	制造费用	合计
甲产品	200	5 282.59	3 456.89	4 258.74	12 998.22
乙产品	180	8 251.84	3 105.21	3 874.65	15 231.70
合计		13 534.43	6 562.10	8 133.39	28 229.92

表 8-7　基本生产成本明细账——二车间

2023 年 12 月 1 日　　金额单位：元

产品名称	数量	直接材料	直接人工	制造费用	合计
甲产品	160	4 689.26	2 356.12	2 854.62	9 900
乙产品	170	2 774.51	2 387.66	2 721.43	7 883.60
合计		7 463.77	4 743.78	5 576.05	17 783.60

二、实验会计期间经济业务

北京市新欣公司 2023 年 12 月份发生的有关经济业务及原始凭证如下。

（1）1 日，购买办公用品 880 元，以现金支付。见本章附件中原始凭证 1-1/1。

（2）1 日，提取备用金 20 000 元。见原始凭证 2-1/1。

（3）1 日，购计算机 20 台，每台不含税价 7 000 元。见原始凭证 3-1/4、3-2/4、3-3/4、3-4/4。

（4）2 日，向银行申请签发银行本票一张，金额 7 000 元，交采购员向运通公司采购材料。运通公司开户行为工行亦庄支行；账号为 224568429。见原始凭证 4-1/1。

（5）3 日，向南方证券公司存入一笔款项 240 000 元，委托南方证券公司进行短期投资。见原始凭证 5-1/1。

（6）4 日，从运通公司购进 A 材料一批，材料已验收入库。见原始凭证 6-1/4、6-2/4、6-3/4、6-4/4。（假设运费不考虑增值税。）

（7）4 日，购商标权一项，以转账支票支付 100 000 元。见原始凭证 7-1/2、7-2/2。

（8）4 日，支付国际展览中心场租费 2 000 元，以转账支票支付。见原始凭证

8－1/2、8－2/2。

（9）5 日，职工王宏伟报销培训费 600 元。见原始凭证 9－1/1。

（10）5 日，将 10 月 5 日收到由大连阳光公司签发的利率为 8%，期限为三个月的商业承兑汇票向银行贴现，贴现率为 9%，将贴现款项存入银行。见原始凭证 10－1/1。

（11）6 日，采购员李军预借差旅费 6 000 元。见原始凭证 11－1/1。

（12）6 日，收到的青岛万达公司本年度 3 月 6 日签发的不带息银行承兑汇票款 48 000 元，款项已入账。见原始凭证 12－1/1。

（13）7 日，结转无法支付的京顺公司欠款 1 600 元。见原始凭证 13－1/1。

（14）8 日，收到丰润工厂预付购买甲商品的货款 100 000 元。（丰润工厂地址：北京市通州路 32 号；开户行：北京银行通州支行；账号：23116533；纳税人登记号：110112748102516）。见原始凭证 14－1/2、14－2/2。

（15）8 日，购入某公司股票 5 000 股，实际支付价款 77 731 元。见原始凭证 15－1/2、15－2/2。

（16）8 日，缴纳 11 月份税款。见原始凭证 16－1/4、16－2/4、16－3/4、16－4/4。

（17）10 日，职工李军报销差旅费。见原始凭证 17－1/1。

（18）11 日，从沈阳君跃公司购入材料一批，另以现金支付运费 750 元。见原始凭证 18－1/4、18－2/4、18－3/4、18－4/4。（假设运费不考虑增值税。）

（19）12 日，见原始凭证 19－1/2、19－2/2（出库单略）。（提示：销售乙产品款项已收到转账支票一张。）

（20）13 日，报废生产线一条。见原始凭证 20－1/4、20－2/4、20－3/4、20－4/4。

（21）14 日，银行转来手续费单据一张。见原始凭证 21－1/1。

（22）14 日，发放职工薪酬。见原始凭证 22－1/2、22－2/2。

（23）15 日，盘盈、盘亏机器设备各一台。见原始凭证 23－1/1。

（24）15 日，收北京市顺达厂交来转账支票一张，偿还前欠应收账款 23 000 元。见原始凭证 24－1/2、24－2/2。

（25）15 日，接受捐赠卡车 2 台。见原始凭证 25－1/1。

（26）16 日，支付违反税收法规的罚金 4 000 元。见原始凭证 26－1/2、26－2/2。

（27）17 日，归还短期借款 120 000 元及利息 4 500 元（前两个月已预提 3 000 元）。见原始凭证 27－1/1。

（28）18 日，经批示，对 15 日盘亏的机器设备按有关规定作营业外项目处理。见原始凭证 28－1/1。

（29）20 日，收银行转来北京市联通公司委托收款凭证一张，支付电话费 4 800 元。见原始凭证 29－1/2、29－2/2。

（30）22 日，公司股东会决定为每名职工发放一个豆浆机。已开出转账支票购买豆浆机。见原始凭证 30－1/2、30－2/2。各部门人员情况如表 8－8 所示。

表8-8　职工人员情况表

2023年12月

<table>
<tr><th colspan="2">部　门</th><th>人　数</th></tr>
<tr><td rowspan="3">一车间</td><td>甲产品</td><td>46</td></tr>
<tr><td>乙产品</td><td>44</td></tr>
<tr><td>车间管理人员</td><td>5</td></tr>
<tr><td rowspan="3">二车间</td><td>甲产品</td><td>35</td></tr>
<tr><td>乙产品</td><td>30</td></tr>
<tr><td>车间管理人员</td><td>5</td></tr>
<tr><td>机修车间</td><td colspan="2">10</td></tr>
<tr><td>供电车间</td><td colspan="2">11</td></tr>
<tr><td>行政管理人员</td><td colspan="2">19</td></tr>
<tr><td>合　计</td><td colspan="2">205</td></tr>
</table>

(31) 24日，购买印花税票1 800元，以转账支票支付。见原始凭证31-1/2、31-2/2。

(32) 24日，将一项非专利技术销售给明光公司（开户行：招商银行昌平支行；账号：6216546914），已将出售款项100 000元存入银行。该项无形资产账面成本为110 000元。假设不考虑相关税费。见原始凭证32-1/2、32-2/2。

(33) 26日，收到银行付款通知，结算长期借款本季度利息16 232.40元（前两个月已计提10 821.60元，该项借款用于设备购建，已于上月完工交付使用）。见原始凭证33-1/1。

(34) 26日，采用托收承付方式向天津亚太公司销售甲产品275件，单价400元；乙产品255件，单价500元；另代垫运费1 000元，货款尚未收到。（产品出库单略，运费发票略。）（天津亚太公司有关资料，地址：天津市河西路21号；开户行：工行中街支行；账号：2365832；纳税人登记号：120104752473658；电话：62235662。）见原始凭证见34-1/3、34-2/3、34-3/3。

(35) 27日，收到银行存款利息3 321.20元。见原始凭证35-1/1。

(36) 28日，向怀柔希望小学支付捐赠款20 000元。见原始凭证36-1/2、36-2/2。

(37) 28日，付北京乐友园餐饮有限公司餐费8 900元。见原始凭证37-1/2、37-2/2。

(38) 31日，月末计提本月折旧费。见原始凭证38-1/1。

(39) 31日，仓库发出原材料。见原始凭证39-1/1。

(40) 31日，结转发出材料成本差异。见原始凭证40-1/2、40-2/2。

(41) 31日，分配本月职工薪酬。见原始凭证41-1/1。

(42) 31日，分配本月辅助生产费用。见原始凭证42-1/1。

(43) 31 日，分配本月制造费用。见原始凭证 43－1/1。

(44) 31 日，计算并结转一车间完工半成品成本（全部完工并转入二车间）；计算并结转二车间完工产品成本（全部完工并验收入库）。产品产量情况如表 8－9 所示。见原始凭证 44－1/4、44－2/4、44－3/4、44－4/4。

表 8－9　产品产量情况表

2023 年 12 月　　单位：件

一车间	甲产品	乙产品	二车间	甲产品	乙产品
月初在产品	200	180	月初在产品	160	170
本月投入	160	130	本月投入	360	310
本月完工	360	310	本月完工	520	480

(45) 31 日，计提坏账准备。见原始凭证 45－1/1。

(46) 31 日，根据本月产品出库单，汇总本月已售产品数量，并根据月初库存商品和本月入库产品数量和成本资料，计算本月库存商品的加权平均单位成本，计算并结转本月已售产品的成本。见原始凭证 46－1/2、46－2/2。

(47) 31 日计算本月应交增值税、城市维护建设税、教育费附加。假定本月无消费税。见原始凭证 47－1/2、47－2/2。

(48) 31 日，结转损益类账户。见原始凭证 48－1/2、48－2/2。

(49) 31 日，结转以前年度损益调整账户。见原始凭证 49－1/1。

(50) 31 日，计算并结转本月应交所得税。见原始凭证 50－1/1。

(51) 31 日，结转 1—12 月实现的净利润。见原始凭证 51－1/1。

(52) 31 日，按税后净利润的 10%提取盈余公积金；按 40%计算应付投资者利润。(提示：每年提取一次，1—11 月实现净利润 30 000 元。) 见原始凭证 52－1/2、52－2/2。

(53) 31 日，结转“利润分配”所属明细科目。见原始凭证 53－1/1。

【实验项目】

综合实验一　建账

1. 实验目标

通过本项实验，学生应掌握会计账簿的设置、启用等工作，了解新办企业和企业年初如何开展建账工作。

2. 实验要求

(1) 根据模拟企业实验资料开设总分类账，登记期初余额。

(2) 根据模拟企业实验资料，开设明细分类账，登记期初余额。

(3) 根据模拟企业实验资料，开设现金日记账、银行存款日记账、明细分类账，登记期初余额。

3. 实验资料

模拟企业实验资料见本章北京市新欣公司相关资料。

综合实验二　会计凭证实验

1. 实验目标

通过本项实验，学生应掌握各种原始凭证和记账凭证的审核要点，熟练地填制各种原始凭证和记账凭证，具有初步的会计实践工作能力。

2. 实验要求

(1) 根据模拟企业实验资料，填制原始凭证 2 - 2/1、4 - 1/1、5 - 1/1、6 - 3/4、10 - 1/1、14 - 1/2、18 - 3/4、18 - 4/4、27 - 1/1、34 - 1/3、37 - 1/2、45 - 1/1、47 - 1/2、47 - 2/2、50 - 1/1。

(2) 根据模拟企业实验资料编制 1～53 号记账凭证。

3. 实验资料

模拟企业实验资料见本章北京市新欣公司实验期间经济业务和原始凭证。

4. 实验用记账凭证①

实验用记账凭证如图 8 - 1 所示。

记 账 凭 证

年　　月　　日　　　　　　　　　　字第　　　号

摘　要	总账科目	明细科目	记账√	借方金额										记账√	贷方金额									
				千	百	十	万	千	百	十	元	角	分		千	百	十	万	千	百	十	元	角	分

附件　　张

会计主管　　　　记账　　　　出纳　　　　审核　　　　制单

图 8 - 1

综合实验三　登记日记账

1. 实验目标

通过本项实验，学生应掌握现金日记账、银行存款日记账的登记等基本操作技能。

2. 实验要求

在完成“综合实验二 会计凭证实验”的基础上，根据第 1～53 号记账凭证逐日逐

① 因本书篇幅所限，记账凭证请参考图 8 - 1 自行制作或从网上获取。

笔登记现金日记账和银行存款日记账。

3. 实验资料

实验资料见本章北京市新欣公司实验会计期间的经济业务以及本章综合实验二按要求编制的第1～53号记账凭证。

4. 实验用会计账页

实验用现金日记账、银行存款日记账账页见实训手册。

综合实验四　登记明细分类账

1. 实验目标

通过本项实验，学生应掌握明细分类账的启用、登记等基本操作技能。

2. 实验要求

根据模拟企业实验资料编制的记账凭证，分别登记资产、负债、所有者权益、损益类等明细分类账户。

3. 实验资料

实验资料见本章北京市新欣公司实验会计期间经济业务以及本章综合实验二按要求编制的记账凭证。

4. 实验用明细分类账账页

实验用明细分类账账页见实训手册。

综合实验五　编制科目汇总表

1. 实验目标

通过本项实验，学生应理解账务处理程序的基本理论，掌握科目汇总表的编制方法。

2. 实验要求

(1) 根据模拟企业实验资料编制的第1～25号记账凭证，编制科目汇总表（科汇第1号）。

(2) 根据模拟企业实验资料编制的第26～53号记账凭证，编制科目汇总表（科汇第2号）。

3. 实验资料

实验资料见本章北京市新欣公司实验会计期间经济业务以及本章综合实验二按要求编制的第1～53号记账凭证。

4. 实验用科目汇总表

实验用科目汇总表见实训手册。

综合实验六　登记总分类账

1. 实验目标

通过本项实验，学生应掌握总分类账的登记方法，理解总分类账与明细账账簿之间的勾稽关系。

2. 实验要求

（1）月中根据科目汇总表（科汇第 1 号）登记总分类账。

（2）月末根据科目汇总表（科汇第 2 号）登记总分类账。

（3）月末进行结账工作。

3. 实验资料

实验资料见本章综合实验五按要求编制的科汇第 1 号、第 2 号。

4. 实验用总分类账账页

实验用总分类账账页见实训手册。

综合实验七　编制会计报表

1. 实验目标

通过本项实验，学生应理解对账、结账的基本理论和方法，掌握资产负债表、利润表的编制方法。

2. 实验要求

（1）月末编制期末余额试算平衡表，核对账目，进行账账核对，检查明细分类账与总分类账是否一致。

（2）月末编制资产负债表、利润表，并进行财务报表分析。

3. 实验资料

实验资料见本章综合实验四和综合实验六按要求登记的明细分类账、总分类账。

4. 实验用会计报表

实验用会计报表见实训手册。

附件　原始凭证

1－1/1

电子发票（普通发票）

全国统一发票监制章 国家税务总局 北京市税务局

发票号码　23112000000074887421

开票日期：2023 年 12 月 01 日

购买方信息	名　称：北京市新欣公司 统一社会信用代码/纳税人识别号：110108101378258	销售方信息	名　称：北京市绿馨家园 统一社会信用代码/纳税人识别号：911100007014578731

项目名称	规格型号	单位	数量	单价	金额	税率/征收率	税额
*电话机	**	台	1	141.59	141.59	13%	18.41
*办公桌		个	1	283.19	283.19	13%	36.81
*椅子		把	2	176.99	353.98	13%	46.02
合　计					¥778.76		¥101.24

价税合计（大写）	⊗捌佰捌拾元整	（小写）¥880.00
备注		

开票人：于鑫

2－1/1

中国工商银行
现金支票存根（京）
X 35705362
附加信息

出票日期 2023 年 12 月 1 日

收款人：	北京市新欣公司
金　额：	¥20000.00
用　途：	提现备用

单位主管：李明　会计：刘梓萌

中国工商银行　现金支票（京）　X 35705362

出票日期（大写）　　年　　月　　日　　付款行名称：工行北太平庄分理处

收款人：　　出票人账号：046200-23

本支票付款期限十天

人民币（大写）	千	百	十	万	千	百	十	元	角	分

用途＿＿＿＿＿＿　　科目（借）

上列款项请从　　对方科目（贷）

我账户支付　　转账日期　　年　　月　　日

出票人签章　　复核　　记账

北京市新欣公司 财务专用章

陈兴印

3－1/4

电子发票（增值税专用发票）

国家税务总局 北京市税务局

发票号码 23112000000020958731

开票日期：2023年12月01日

购买方信息	名　称：北京市新欣公司 统一社会信用代码/纳税人识别号：110108101378258			销售方信息	名　称：联想集团有限公司 统一社会信用代码/纳税人识别号：110108101562366			
项目名称	规格型号	单位	数量	单价	金额	税率/征收率	税额	
*计算机	**	台	20	7000	140000.00	13%	18200.00	
合　计					¥140000.00		¥18200.00	
价税合计（大写）	⊗壹拾伍万捌仟贰佰元整				（小写）¥158200.00			
备注								

开票人：李宜宾

3－2/4

中国工商银行　（京）

转账支票存根

X35706401

附加信息

出票日期 2023年12月1日

收款人：联想集团有限公司
金　额：¥158200.00
用　途：支付计算机款

单位主管：李明　会计：刘梓萌

3－3/4

电子发票（普通发票）

国家税务总局 北京市税务局

发票号码 23112000000074886679

开票日期：2023 年 12 月 01 日

购买方信息	名　称：北京市新欣公司 统一社会信用代码/纳税人识别号：110108101378258	销售方信息	名　称：北京舒畅物流公司 统一社会信用代码/纳税人识别号：91110000398723931

项目名称	规格型号	单位	数量	单价	金额	税率/征收率	税额
*运输费	**	件	1	200	200.00	*	*
合　计					¥200.00		*
价税合计（大写）	⊗贰佰元整				（小写）¥200.00		
备注							

开票人：王晶晶

3－4/4

中国工商银行　（京）
转账支票存根
X35706402

附加信息

出票日期 2023 年 12 月 1 日

收款人：	北京舒畅物流公司
金　额：	¥200.00
用　途：	支付运费

单位主管：李明　会计：刘梓萌

4-1/1

中国工商银行本票申请书

申请日期：　　　　年　　月　　日

<table>
<tr><td colspan="2">申　请　人</td><td colspan="13">收　款　人</td></tr>
<tr><td>户　　名</td><td></td><td>户　　名</td><td colspan="12"></td></tr>
<tr><td>账号地址</td><td></td><td>账号地址</td><td colspan="12"></td></tr>
<tr><td>开户银行</td><td></td><td>代理付款行</td><td colspan="12"></td></tr>
<tr><td>用　　途</td><td colspan="2"></td><td colspan="12"></td></tr>
<tr><td rowspan="2">金额大写</td><td colspan="3" rowspan="2"></td><td>亿</td><td>千</td><td>百</td><td>十</td><td>万</td><td>千</td><td>百</td><td>十</td><td>元</td><td>角</td><td>分</td></tr>
<tr><td></td><td></td><td></td><td></td><td></td><td></td><td></td><td></td><td></td><td></td><td></td></tr>
<tr><td colspan="15"></td></tr>
</table>

5-1/1

中国工商银行
转账支票存根　（京）

X35706403

附加信息

出票日期　　年　月　日

收款人：	
金　额：	
用　途：	

单位主管：　　　会计：

6-1/4

电子发票（普通发票）

发票号码 23112000000074882350

开票日期：2023年12月04日

购买方信息	名 称：北京市新欣公司 统一社会信用代码/纳税人识别号：110108101378258	销售方信息	名 称：北京申通物流有限公司 统一社会信用代码/纳税人识别号：91110000398723931

项目名称	规格型号	单位	数量	单价	金额	税率/征收率	税额
*运输费	**	件	1	100	100.00		
合 计					¥100.00		
价税合计（大写）	⊗壹佰元整				（小写）¥100.00		
备注							

开票人：童健

6-2/4

电子发票（增值税专用发票）

发票号码 23112000000020956507

开票日期：2023年12月04日

购买方信息	名 称：北京市新欣公司 统一社会信用代码/纳税人识别号：110108101378258	销售方信息	名 称：联想集团有限公司 统一社会信用代码/纳税人识别号：110108101562366

项目名称	规格型号	单位	数量	单价	金额	税率/征收率	税额
*A材料	**	千克	400	14	5600.00	13%	728.00
合 计					¥5600.00		¥728.00
价税合计（大写）	⊗陆仟叁佰贰拾捌元整				（小写）¥6328.00		
备注							

开票人：张志文

6 - 3/4

收 料 单

供货单位：　　　　　　　　　　　　　　　　　　　　　　　收料单号：

发票号码：　　　　　　　　　　年　月　日　　　　　　　　收料仓库：

材料编号	材料名称	规格	计量单位	数　量		实际成本		计划成本		成本差异
				应收	实收	单价	金额	单价	金额	
合　计										

6 - 4/4

中国工商银行电汇凭证（回单）　2

委托日期 2023 年 12 月 04 日　　　　　　　　　　第　号

<table>
<tr><td rowspan="3">汇款人</td><td>全　称</td><td>北京运通公司</td><td rowspan="3">收款人</td><td>全　称</td><td colspan="11">北京市新欣公司</td></tr>
<tr><td>账　号
或地址</td><td>224568429</td><td>账号或
地　址</td><td colspan="11">760037886250</td></tr>
<tr><td>汇出行
名　称</td><td>工行亦庄支行</td><td>汇入行
名　称</td><td colspan="11">工行上地支行</td></tr>
<tr><td rowspan="2">金额</td><td rowspan="2">人民币
（大写）</td><td colspan="3" rowspan="2">陆佰柒拾贰元整</td><td>亿</td><td>千</td><td>百</td><td>十</td><td>万</td><td>千</td><td>百</td><td>十</td><td>元</td><td>角</td><td>分</td></tr>
<tr><td></td><td></td><td></td><td></td><td></td><td>¥</td><td>6</td><td>7</td><td>2</td><td>0</td><td>0</td></tr>
<tr><td colspan="5">汇款用途：转余款
上列款项已根据委托办理，如需查询，请持此回单来进行面洽
单位主管　　会计　　出纳　　记账</td><td colspan="11">汇出行盖章

2023 年 12 月 04 日</td></tr>
</table>

此联汇出行给收款人的回单

7－1/2

中国工商银行　（京）
转账支票存根

X35706404

附加信息

出票日期 2023 年 12 月 04 日

收款人：	北京鸿运有限公司
金　额：	¥100000.00
用　途：	支付商标权

单位主管：李明　会计：刘梓萌

7－2/2

电子发票（普通发票）

发票号码 2311200000074899467

开票日期：2023 年 12 月 04 日

购买方信息	名　称：北京市新欣公司 统一社会信用代码/纳税人识别号：110108101378258	销售方信息	名　称：北京鸿运有限公司 统一社会信用代码/纳税人识别号：110105801125301

项目名称	规格型号	单位	数量	单价	金额	税率/征收率	税额
*商标	**	项	1	94339.62	94339.62	6%	5660.38
合　计					¥94339.62		¥5660.38

价税合计（大写）	⊗壹拾万元整	（小写）¥100000.00
备注		

开票人：王昕

8－1/2

中国工商银行　（京）

转账支票存根

X35706402

附加信息

出票日期 2023 年 12 月 4 日

收款人：	国际展览中心
金　额：	¥2000.00
用　途：	支付场租费

单位主管：李明　会计：刘梓萌

8－2/2

电子发票（普通发票）

全国统一发票监制章 国家税务总局 北京市税务局

发票号码 23112000000074650462

开票日期：2023 年 12 月 04 日

购买方信息	名　称：北京市新欣公司 统一社会信用代码/纳税人识别号：110108101378258	销售方信息	名　称：国际展览中心 统一社会信用代码/纳税人识别号：12110000597719332F

项目名称	规格型号	单位	数量	单价	金额	税率/征收率	税额
*场租费	**	场	1	1886.79	1886.79	6%	113.21
合　计					¥1886.79		¥113.21
价税合计（大写）	⊗贰仟元整				（小写）¥2000.00		
备注							

开票人：张红

9－1/1

北京市行政事业性统一银钱收据

№ 1275453

（印章：北京市财政局 票据专用章）

支票号：　现金

今收到	北京市新欣公司		
交来	《企业会计准则》培训费		
人民币（大写）	陆佰元整	¥600.00	
收款单位（公章）	（印章：北京市财政局会计培训中心 财务专用章）	收款人（签章） 孙涛	2023 年 12 月 5 日

第二联　收据

10－1/1

贴现凭证（收账通知）

填写日期　　年　　月　　日　　　　第　　号

贴现汇票	种类		号码								申请人	全称													
												账号													
	发票日	2023 年 10 月 5 日	到期日	2024 年 1 月 5 日								开户银行													
汇票承兑人（或银行）名称											账号	（略）	开户银行（略）												
汇票金额（即贴现金额）	人民币（大写）												百	十	万	千	百	十	元	角	分				
贴现率（月）		贴现利息	十	万	千	百	十	元	角	分	实付贴现金额		百	十	万	千	百	十	元	角	分				
上述款项已转入你单位账户。此致							（银行盖章）									年　月　日									

11－1/1

借　款　单

2023 年 12 月 6 日

借款单位：采购部			
借款理由：广州采购材料			
借款数额：人民币（大写）陆仟元整　　¥6000.00			
领导批示	财务负责人	借款部门负责人	借款人
同意。张建国		同意。陈志凯	李军

12－1/1

中国工商银行进账单（回单或收账通知）　1

进账日期：2023 年 12 月 6 日　　　　第　　号

收款人	全　称	北京市新欣公司	付款人	全　称	青岛万达公司
	账　号	760037886250		账　号	634591
	开户银行	工行上地支行		开户银行	工行南京路支行
人民币（大写）：					千 百 十 万 千 百 十 元 角 分
票据种类	银行承兑汇票		收款人开户银行盖章（中国工商银行北京市分行 上地支行 转讫）		
票据张数	1				
主管　会计　复核　记账					

此联是收款人开户行交给收款人的回单或收账通知

13－1/1

应付款项转账申请书

2023 年 12 月 7 日

公司领导：

由于京顺公司已撤销，我单位前欠该公司的运输费 1600 元无法支付，特此申请转入营业外收入处理。

北京市新欣公司财务科（签章）

2023 年 12 月 7 日

（北京市新欣公司 财务专用章）

报请陈总批准。李明

同意转销。

法人代表　（签章）　陈兴和

2023 年 12 月 7 日

北京市新欣公司（签章）

（北京市新欣公司）

14－1/2

中国工商银行进账单（回单或收账通知）　1

进账日期：　　年　月　日　　　　　第　　号

收款人	全　称		付款人	全　称	
	账　号			账　号	
	开户银行			开户银行	
人民币（大写）：					千 百 十 万 千 百 十 元 角 分
票据种类	转账支票		收款人开户银行盖章（中国工商银行北京市分行 上地支行 转讫）		
票据张数	1				
主管　会计　复核　记账					

此联是收款人开户银行交给收款人的回单或收账通知

14－2/2

收　款　收　据

№ 00012

2023 年 12 月 8 日

今收到　丰润工厂

人民币（大写）：壹拾万元整　（小写）¥ 100000.00

库存现金

收款事由：归还借款

（印章：北京市新欣公司 财务专用章）

支票第　　号

三付款方记账联

单位盖章：　会计：王宇　出纳：刘梓萌　经手人：翟新宇

15－1/2

南方证券公司成交过户交割单

2023 年 12 月 8 日

股东编号	B9422521631	成交证券	6000XX（股票）
电脑编号	032214	成交数量	5 000
投资人姓名	北京市新欣公司	成交价格	15.50
申报编号	263	成交金额	77 500.00
申报时间	102323	佣　金	230.00
成交时间	105337	过 户 费	1.00
上次余额	0（手）	印 花 税	
申报余额	50（手）	应付金额	0.00
本次余额	50（手）	附加费用	
本次库存	50（手）	实收金额	77 731.00

（印章：南方证券公司复兴路营业部 营业专用章）

经办单位（3250）　客户签章　赵利

15－2/2

南方证券公司委托书

№. 428413

资金账号：55658114121　　　　合同序号：

证券账号：3355410002

委托人：北京市新欣公司　　2023 年 12 月 8 日					委托方式	
证券名称	股数与面额	限价	有效期间	附注	电话	
7000XX（股票）	5 000				电报	
场内成交单号码	134562691				网上交易	
					当面委托	
					划款方式	
					自动划账	
					当面签收	

营业员签章　李忻　　　　委托人签章　赵利

注：未填明[限价]者视为市价委托。　未填明[有效期限]者为当日有效。

委托方式应予标明，书面或电报委托者应粘附函电。买卖如未成交，委托书应保存。

16－1/4

中华人民共和国
增值税　税收缴款书

京国缴 0368416 号

注册类型：股份制　　填发日期：2023 年 12 月 08 日　　征收机关：海淀区国税局

缴款单位（人）	代码	110108101378258	电话	88440536	预算科目	编码	101010102
	全称	北京市新欣公司				名称	股份公司增值税
	开户银行	工行上地支行				级次	中央 75%，地方 25%
	账号	760037886250			收缴国库		北京市中心支库
税款所属时期 2023 年 11 月 1 日至 2023 年 11 月 30 日					税款限缴日期 2023 年 12 月 15 日		

品目名称	课税数量	计税金额或销售收入	税率或单位税额	已缴或扣除额	实缴税额
工业		167123.08	13%	10088.00	11638.00
金额合计（大写）：壹万壹仟陆佰叁拾捌元整					¥11638.00

缴款单位（人）（盖章）经办人（章）	税务机关（盖章）填票人（章）	上列款项已收妥并划转收款单位账户　国库（银行）盖章　2023 年 12 月 8 日	备注：

（无银行收讫章无效）　　　　预期不缴按税法规定加收滞纳金

第一联（收据）国库（经收处）收款盖章后退缴款单位（人）作完税凭证

16－2/4

中华人民共和国
消费税税收缴款书

京国缴 0534328 号

注册类型：股份制　　填发日期：2023 年 12 月 08 日　　征收机关：海淀区地税局第三分所

缴款单位（人）	代码	110108101378258	电话	88440536	预算科目	编码	1010304
	全称	北京市新欣公司				名称	一般消费税
	开户银行	工行上地支行				级次	中央
	账号	760037886250			收缴国库		国家金库海淀区金库
税款所属时期 2023 年 11 月 1 日至 2023 年 11 月 30 日					税款限缴日期 2023 年 12 月 15 日		
品目名称	课税数量	计税金额或销售收入	税率或单位税额	已缴或扣除额	实缴税额		
服务		49000.00	5%		2450.00		
金额合计（大写）贰仟肆佰伍拾元整					¥2450.00		
缴款单位（人）（盖章）经办人（章）	税务机关（盖章）填票人（章）	上列款项已收妥并划转收款单位账户 国库（银行）盖章 2023 年 12 月 8 日			备注：		

第一联（收据）国库（经收处）收款盖章后退缴款单位（人）作完税凭证，也是申报纳税留存依据

（无银行收讫章无效）　　预期不缴按税法规定加收滞纳金

16－3/4

中华人民共和国
城市维护建设税税收缴款书

京地缴 0534329 号

注册类型：股份制　　填发日期：2023 年 12 月 08 日　　征收机关：海淀区地税局第三分所

缴款单位（人）	代码	110108101378258	电话	88440536	预算科目	编码	1010901
	全称	北京市新欣公司				名称	城市维护建设税
	开户银行	工行上地支行				级次	地方级
	账号	760037886250			收缴国库		国家金库海淀区金库
税款所属时期 2023 年 11 月 1 日至 2023 年 11 月 30 日					税款限缴日期 2023 年 12 月 15 日		
品目名称	课税数量	计税金额或销售收入	税率或单位税额	已缴或扣除额	实缴税额		
增值税		11638.00	7%		814.66		
消费税		2450.00	7%		171.50		
金额合计（大写）玖佰捌拾陆元壹角陆分					¥986.16		
缴款单位（人）（盖章）经办人（章）	税务机关（盖章）填票人（章）	上列款项已收妥并划转收款单位账户 国库（银行）盖章 2023 年 12 月 8 日			备注：		

第一联（收据）国库（经收处）收款盖章后退缴款单位（人）作完税凭证，也是申报纳税留存依据

（无银行收讫章无效）　　预期不缴按税法规定加收滞纳金

16－4/4

中华人民共和国
教育费附加税收缴款书

京地缴 0534330 号

注册类型：股份制　　填发日期：2023 年 12 月 08 日　　征收机关：海淀区地税局第三分所

缴款单位（人）	代码	110108101378258	电话 88440536	预算科目	编码	10100	
	全称	北京市新欣公司			名称	教育费附加	
	开户银行	工行上地支行			级次	地方级	
	账号	760037886250		收缴国库		国家金库海淀区金库	
税款所属时期 2023 年 11 月 1 日至 2023 年 11 月 30 日				税款限缴日期 2023 年 12 月 15 日			
品目名称	课税数量	计税金额或销售收入	税率或单位税额	已缴或扣除额		实缴税额	
增值税		11638.00	3%			349.14	
消费税		2450.00	3%			73.50	
金额合计（大写）肆佰贰拾贰元陆角肆分						¥422.64	
缴款单位（人）（盖章）经办人（章）[财务专用章]	税务机关（盖章）填票人（章）[征税专用章 018号]		上列款项已收妥并划转收款单位账户 国库（银行）盖章 2023 年 12 月 8 日 [办讫章 北京市分行上地支行]			备注：	

第一联（收据）国库（经收处）收款盖章后退缴款单位（人）作完税凭证，也是申报纳税留存依据

（无银行收讫章无效）　　　　预期不缴按税法规定加收滞纳金

17－1/1

差旅费报销单

部门：采购部　　　　2023 年 12 月 10 日

出差人		李军							出差事由		采购材料				
出发				到达				交通工具	交通费		出差补贴		其他费用		
月	日	时	地点	月	日	时	地点		单据张数	金额	天数	金额	项目	单据张数	金额
6	6		北京	6	6		广州	飞机	1	1780	4	400	住宿费	1	1200
6	9		广州	6	9		北京	飞机	1	1780			市内车费		
													邮电费		
													办公费		
													其他		
合计									2	3560		400		1	1200
报销总额	人民币（大写）	伍仟壹佰陆拾元整				小写：¥5160.00			预借旅费	¥6000			补领金额		
													退还金额	¥840	

附件 3 张

主管　李明　　　审核　王智　　　出纳　刘梓萌　　　领款人　李军

18 - 1/4

电子发票（普通发票）

国家税务总局 辽宁省税务局

发票号码 23211001040064320815

开票日期：2023 年 12 月 20 日

购买方信息	名　称：北京市新欣公司 统一社会信用代码/纳税人识别号：110108101378258	销售方信息	名　称：沈阳顺通物流公司 统一社会信用代码/纳税人识别号：320225674832

项目名称	规格型号	单位	数量	单价	金额	税率/征收率	税额
运输服务*A材料运费	**	千克	**	**	350.00	*	*
运输服务*B材料运费	**	千克	**	**	450.00	*	*
合　计					¥750. 00		*

价税合计（大写）	⊗柒佰伍拾元整	（小写）¥750. 00
备注		

开票人：张成功

18 - 2/4

电子发票（增值税专用发票）

国家税务总局 辽宁省税务局

发票号码 23111100000040923082

开票日期：2023 年 12 月 11 日

购买方信息	名　称：北京市新欣公司 统一社会信用代码/ 纳税人识别号：110108101378258	销售方信息	名　称：沈阳君跃公司 统一社会信用代码/ 纳税人识别号：320225625346

项目名称	规格型号	单位	数量	单价	金额	税率/ 征收率	税额
*A材料	**	千克	600	12	7200.00	13%	936. 00
*B材料	**	千克	900	20	18000.00	13%	2340.00
合　计					¥25200.00		¥3276.00

价税合计（大写）	⊗贰万捌仟肆佰柒拾陆元整	（小写）¥28476.00
备注		

开票人：王东

18－3/4

商业承兑汇票 1

汇票号码：200612

出票日期：（大写） 年 月 日 第 0601 号

<table>
<tr><td rowspan="3">付款人</td><td>全 称</td><td colspan="3"></td><td rowspan="3">收款人</td><td>全 称</td><td colspan="12"></td></tr>
<tr><td>账 号</td><td colspan="3"></td><td>账 号</td><td colspan="12"></td></tr>
<tr><td>开户银行</td><td></td><td>行号</td><td></td><td>开户银行</td><td colspan="8"></td><td>行号</td><td colspan="3"></td></tr>
<tr><td colspan="2" rowspan="2">汇票金额</td><td colspan="5" rowspan="2">人民币
（大写）</td><td>千</td><td>百</td><td>十</td><td>万</td><td>千</td><td>百</td><td>十</td><td>元</td><td>角</td><td>分</td></tr>
<tr><td></td><td></td><td></td><td></td><td></td><td></td><td></td><td></td><td></td><td></td></tr>
<tr><td colspan="2">汇票到期日</td><td colspan="4"></td><td colspan="2">交易合同号</td><td colspan="10"></td></tr>
<tr><td colspan="6">本汇票已经承兑，到期无条件支付票款。

承兑人签章
承兑日期 年 月 日</td><td colspan="12">本汇票请于承兑到期日付款

出票人签章</td></tr>
</table>

此联付款单位留存

18－4/4

收 料 单

供货单位： 收料单号：

发票号码： 年 月 日 收料仓库：

材料编号	材料名称	规格	计量单位	数 量		实际成本		计划成本		成本差异
				应收	实收	单价	金额	单价	金额	
合 计										

19－1/2

电子发票（增值税专用发票）

全国统一发票监制章 国家税务总局 北京市税务局

发票号码　23112000000020893410

开票日期：2023 年 12 月 04 日

购买方信息	名　称：丰润工厂 统一社会信用代码/纳税人识别号：1101127481025 166	销售方信息	名　称：北京市新欣公司 统一社会信用代码/纳税人识别号：110108101378258

项目名称	规格型号	单位	数量	单价	金额	税率/征收率	税额
*甲产品	**	件	200	400	80000.00	13%	10400.00
*乙产品	**	件	300	500	150000.00	13%	19500.00
合　计					¥230000.00		¥29900.00
价税合计（大写）	⊗贰拾伍万玖仟玖佰元整				（小写）¥259900.00		
备注							

开票人：王宁

19－2/2

中国工商银行进账单（回单或收账通知）　1

进账日期：2023 年 12 月 12 日　　　　第　　号

收款人	全　称	北京市新欣公司	付款人	全　称	丰润工厂
	账　号	760037886250		账　号	231116533
	开户银行	工行上地支行		开户银行	北京银行通州支行
人民币（大写）：壹拾陆万玖仟伍佰元整				千百十万千百十元角分	¥1 6 9 5 0 0 0 0
票据种类	转账支票				
票据张数	1	中国工商银行北京市分行 上地支行 转讫			
主管　会计　复核　记账		收款人开户银行盖章			

此联是收款人开户银行交给收款人的回单或收账通知

20-1/4

固定资产报废单

2023年12 月13日

资产名称及编号	型号规格	单位	数量	预计使用年限	已使用年限	原值	已提折旧	已提减值准备
X生产线	631	条	1	10	7	152000.00		5000.00
报废原因							（预计残值 7000.00 元）	
使用部门		技术鉴定			管理部门		主管部门	
第一车间								

20-2/4

中国工商银行
转账支票存根　（京）

X35706404

附加信息

出票日期 2023年12 月 13 日

收款人：	华力世家有限公司
金　额：	¥3000.00
用　途：	支付清理费

单位主管：李明　会计：刘梓萌

20－3/4

电子发票（普通发票）

发票号码 23211001040038137301
开票日期：2023年12月13日

购买方信息	名　称：北京市新欣公司 统一社会信用代码/纳税人识别号：11010810137 8258	销售方信息	名　称：华力世家有限公司 统一社会信用代码/纳税人识别号：81110 000MC61217717

项目名称	规格型号	单位	数量	单价	金额	税率/征收率	税额
*清理费	**	项	1	2830.19	2830.19	6%	169.81
合　计					¥2830.19		¥169.81
价税合计（大写）	⊗叁仟元整				（小写）¥3000.00		
备注							

开票人：陈红

20－4/4

中国工商银行进账单（回单或收账通知）　1

进账日期：2023年12月13日　　第　　号

收款人	全　称	北京市新欣公司	付款人	全　称	大兴工厂
	账　号	760037886250		账　号	12636525
	开户银行	工行上地支行		开户银行	北京银行大兴支行
人民币（大写）：贰万元整				千百十万千百十元角分	¥2000000
票据种类	转账支票		中国工商银行北京市分行 上地支行 转讫 收款人开户银行盖章		
票据张数	1				
主管　会计　复核　记账					

此联是收款人开户银行交给收款人的回单或收账通知

21－1/1

北京市工商银行邮电费、工本费、手续费（付款通知）

2023年12月14日　　凭证号码04539

付款单位名称	北京市新欣公司		账　号	760037886250
种类	份数	单价	金　额	备　注
邮　费	3	20	60.00	
电报费				
手续费	1	35	35.00	
合计（大写）	玖拾伍元整		¥95.00	

中国工商银行北京市分行 上地支行 转讫

会计主管：　　复核：王月月　　记账：张亮

22－1/2

中国工商银行（京）
转账支票存根
X35706407

附加信息

出票日期 2023 年 12 月 14 日

收款人：	北京新欣公司
金　额：	¥155804.24
用　途：	支付工资

单位主管：李明　会计：刘梓萌

22－2/2

工资结算汇总表

2023 年 12 月　　　　单位：元

部门		标准工资	扣发		奖金	津贴	应付工资合计	代扣款项		实发工资
			事假	病假				五险一金	个人所得税	
一车间	生产工人						32251	4815.42		27435.58
	管理人员						12846	1797.68	120	10928.32
二车间	生产工人						32541	4855.36		27685.64
	管理人员						15440	1882.50	132	13425.50
机修车间							5450	1000.00		4450.00
供电车间							6000	603.28		5396.72
行政管理部门							60050	1891.68	1140	57018.32
在建工程人员							10200	735.84		9464.16
合计							**174778**	**17581.76**	**1392**	**155804.24**

复核：张诚　　　　制表：李萌

23－1/1

固定资产盘盈盘亏报告单

2023 年 12 月 15 日　　　　第　　号

编号	名称	盘盈			盘亏				原因
		数量	重置价		数量	原价	已提折旧	已提减值准备	
A	设备	1	50000						
B	车床				1	130000	60000	11000	

处理意见	使用部门	清查小组	审批部门

复核：张诚　　　　制表：李萌

24－1/2

中国工商银行进账单（回单或收账通知）　1

进账日期：2023 年 12 月 15 日　　　　第　　号

收款人	全　称	北京市新欣公司	付款人	全　称	北京市顺达厂
	账　号	760037886250		账　号	32933621
	开户银行	工行上地支行		开户银行	北京银行大兴支行

人民币（大写）：贰万叁仟元整	千	百	十	万	千	百	十	元	角	分
			¥	2	3	0	0	0	0	0

票据种类	转账支票	中国工商银行北京市分行 上地支行 转讫 收款人开户银行盖章
票据张数	1	
主管　会计　复核　记账		

此联是收款人开户银行交给收款人的回单或收账通知

24－2/2

收　款　收　据

№ 00084

2023 年 12 月 15 日

今收到　北京市顺达厂

人民币（大写）：贰万叁仟元整　（小写）¥ 23000.00

收款事由：还款　　　库存现金

支票第 4128 号

北京市新欣公司 财务专用章

单位盖章：　会计：王宇　出纳：刘梓萌　经手人：吴军

第二联交收款方

25－1/1

固定资产捐赠交接单

2023 年 12 月 15 日

捐赠单位：北京宏伟工厂					接收单位：北京市新欣公司		
名称及型号	数量	预计使用年限	已使用年　限	原　值	已提折旧	净　值	备　注
东风卡车	2 台			160000		160000	新
捐赠单位签章				接受单位签章			
经办人：　王晶				经办人：　李振华			

26－1/2

中国工商银行　（京）

转账支票存根

X35706408

附加信息

出票日期 2023 年 12 月 13 日

收款人：	国税海淀分局
金　额：	¥4000.00
用　途：	支付罚款

单位主管：李明　会计：刘梓萌

26－2/2

中 华 人 民 共 和 国
税收通用缴款书

（981）京国缴 053231 号

注册类型：股份制　　填发日期：2023年12月16日　　征收机关：海淀区国税局

缴款单位（人）	代　码	110108101378258	电话	88440536	预算科目	编　码	101010103
	全　称	北京市新欣公司				名　称	罚款
	开户银行	工行上地支行				级　次	中央
	账　号	760037886250			收缴国库		国家金库海淀区金库
税款所属时期2022年1月1日至2022年12月31日					税款限缴日期2023年12月30日		
品目名称	课税数量	计税金额或销售收入	税率或单位税额	已缴或扣除额	实缴税额		
违章罚款					4000.00		
金额合计（大写）：肆仟元整					¥4000.00		
缴款单位（人）（盖章）经办人（章）	税务机关（盖章）填票人（章）	上列款项已收妥并划转收款单位账户 国库（银行）盖章 2023年12月16日			备注：		

第一联（收据）国库（银行）收款盖章后退缴款单位（人）作完税凭证

（无银行收讫章无效）　　预期不缴按税法规定加收滞纳金

27－1/1

（流动资金贷款）还款凭证（回单）　4

年　月　日

付款人	名　称		借款人	名　称	
	往来户账号			放款户账号	
	开户银行			开户银行	
计划还款日期		2023年12月17日	还款次序		第　次还款

借款金额	人民币（大写）	千	百	十	万	千	百	十	元	角	分

还款内容	
备注：	上述借款已从你单位往来账户内转还。此致 借款单位（银行盖章）　年　月　日

此联转账后作回单，退借款单位并代往来户支款通知

28－1/1

盘亏固定资产转账申请书

2023 年 12 月 18 日

公司领导：

12 月 15 日盘亏车床一台，原价 130000 元，已提折旧 60000 元，已提减值准备 11000 元，账面价值 59000 元。特此申请转入营业外支出处理。

北京市新欣公司财务科（签章）

2023 年 12 月 18 日

（印章：北京市新欣公司 财务专用章）

报请陈总批准。李明

同意转销。

法人代表　（签章）　陈兴和

2023 年 12 月 18 日

北京市新欣公司（签章）

（印章：北京市新欣公司）

29－1/2

电邮

委托收款凭证（付款通知）　5

委托日期：2023 年 12 月 20 日　　　　第 2161 号

付款人	全　称	北京市新欣公司	收款人	全　称	北京市联通公司
	账　号	760037886250		账　号	023652-23
	开户银行	工行上地支行		开户银行	北京银行中关村支行
委收金额	人民币（大写）	肆仟捌佰元整			
款项内容	电话费	委托收款凭据名称	发票	附寄单证张数	1
备注：		上列委托收款项有关单证等　件，请予办理收款。 收款人签章		科目（贷） 对方科目（借） 转账　年　月　日 复核　记账	

委收金额：

千	百	十	万	千	百	十	元	角	分
			¥	4	8	0	0	0	0

（印章：中国工商银行北京市分行 上地支行 转讫）

此联付款人开户银行给付款人按期付款的通知

29－2/2

发票号码 23112000000074360816

开票日期：2023 年 12 月 20 日

电子发票（普通发票）

国家税务总局 北京市税务局

购买方信息	名　称：北京市新欣公司 统一社会信用代码/纳税人识别号：110108101378258	销售方信息	名　称：中国联合通讯有限公司北京市分公司 统一社会信用代码/纳税人识别号：911100008016572720

项目名称	规格型号	单位	数量	单价	金额	税率/征收率	税额
*电信服务*通信服务费	**	**	**	**	4800.00	*	*
合　计					¥4800.00		*
价税合计（大写）	⊗肆仟捌佰元整				（小写）¥4800.00		
备注							

开票人：张红

30－1/2

发票号码 23112000000074360816

开票日期：2023 年 12 月 20 日

电子发票（普通发票）

国家税务总局 北京市税务局

购买方信息	名　称：北京市新欣公司 统一社会信用代码/纳税人识别号：110108101378258	销售方信息	名　称：北京物美商业集团股份有限公司 统一社会信用代码/纳税人识别号：911100008016572720

项目名称	规格型号	单位	数量	单价	金额	税率/征收率	税额
*豆浆机	**	个	205	**	32800.00	*	*
合　计					¥32800.00		*
价税合计（大写）	⊗叁万贰仟捌佰元整				（小写）¥32800.00		
备注							

开票人：吴丽月

30－2/2

中国工商银行　（京）
转账支票存根

X35706409

附加信息

出票日期 2023 年 12 月 22 日

收款人：北京物美商业集团股份有限公司	
金　额：¥32800.00	
用　途：支付豆浆机款	

单位主管：李明　会计：刘梓萌

31－1/2

中国工商银行电子缴税付款凭证

缴税日期：2023 年 12 月 24 日　　　凭证字号：14052006532

纳税人全称及纳税人识别号：北京市新欣公司 110108101434582		
付款人全称：北京市新欣公司		
付款人账号：	征收机关名称：国家税务总局北京市海淀区税务局	
付款人开户银行：	收缴国库（银行）名称：国家金库北京市海淀区支库	
小计（合计）金额：¥1800.00	缴款书交易流水号：202300211465661045642	
大写（合计）金额：壹仟捌佰元整		
税（费）种名称	所属日期	实缴金额（单位：元）
印花税	20231224—20231224	1800.00
第 1 次打印	打印时间：2023 年 12 月 24 日 15 时 20 分	

（印章：中国工商银行北京市分行上地支行 电子回单专用章）

客户回单联　　验证码：D53CE88632　　复核　　过账

31－2/2

中国工商银行
转账支票存根　（京）

X35706410

附加信息

出票日期 2023 年 12 月 24 日

收款人：	地税局海淀分局
金　额：	¥1800.00
用　途：	购印花税票

单位主管：李明　会计：刘梓萌

32－1/2

中国工商银行进账单（回单或收账通知）　1

进账日期：2023 年 12 月 24 日　　第　号

收款人	全　称	北京市新欣公司	付款人	全　称	北京市明光公司
	账　号	760037886250		账　号	6216546914
	开户银行	工行上地支行		开户银行	招商银行昌平支行
人民币（大写）：壹拾万元整				千百十万千百十元角分	¥10000000
票据种类	转账支票		中国工商银行北京市分行 上地支行 转讫		
票据张数	1				
主管　会计　复核　记账			收款人开户银行 盖章		

此联是收款人开户银行交给收款人的回单或收账通知

32 - 2/2

非专利技术买卖合同

（内容略）

33 - 1/1

中国工商银行贷款还款凭证

2023 年 12 月 26 日

贷款账号			借 款 人	北京市新欣公司
付款账号	760037886250		开户银行	工行上地支行
金额（大写）壹万陆仟贰佰叁拾贰元肆角整				（小写）¥16232.40
还 款 明 细				中国工商银行北京市分行北太平庄支行 财务专用章 银行盖章
偿还手续费		偿还违约金	备 注	
偿还罚金				
偿还利息	16232.40			
偿还本金				

会计主管：　　授权：　　复核：　　录入：

第一联　借款人还款回单

34－1/3

电子发票（增值税专用发票）

（全国统一发票监制章 国家税务总局 北京市税务局）

发票号码 23112000000020646507

开票日期：2023 年 12 月 26 日

购买方信息	名　称： 统一社会信用代码/纳税人识别号：			销售方信息	名　称： 统一社会信用代码/纳税人识别号：			
项目名称	规格型号	单位	数量	单价	金额	税率/征收率	税额	
合　计								
价税合计（大写）	⊗			（小写）¥				
备注								

开票人：

34－2/3

电

托收承付凭证（回单） 1

第 0023 号

委托日期： 2023 年 12 月 26 日

付款人	全　称	天津亚太公司		收款人	全　称	北京市新欣公司										
	账　号	2365832			账　号	76003 7886250										
	开户银行	工行中街支行			开户银行	工行上地支行										
托收金额		人民币（大写） 贰拾陆万玖仟叁佰柒拾伍元整				千	百	十	万	千	百	十	元	角	分	
							¥	2	6	9	3	7	5	0	0	
附　件		商品发运情况				合同名称号码										
附寄单证张数或册数	3	已发送				№ 102302										
备注：电划		款项收妥日期 2023 年 12 月 26 日				收款人开户银行盖章 （中国工商银行北京市分行上地支行 业务专用章 （2））										

此联收款人开户银行给收款人的回单

34－3/3

012001800311

天津增值税普通发票

№ 14762632

机器编号：

499099606285

开票日期：2023 年 12 月 26 日

购买方	名　　称：北京市新欣公司 纳税人识别号：110108101378258 地 址、电 话：北京市上地南路89号　88440536 开户行及账号：工行上地支行　760037886250				密码区	+7*2*<8<-0-06-0406+<0+78-12 -5638024+/13515662>625>4+01 7/>8-*6/+>1256-/8-2873++0+4 7-+<345300148/5+42573590-5/	
货物或应税劳务、服务名称	规格型号	单位	数量	单价	金额	税率	税额
*运输费	**	件	1	1000.00	1000.00	*	*
合　计					¥1000.00		*
价税合计（大写）	⊗壹仟元整				（小写）¥1 000.00		
销售方	名　　称：天津顺通物流公司 纳税人识别号：911201163409833307 地 址、电 话：天津经开区 2 号 022-59002856 开户行及账号：中国工商银行天津经开区支行 1229059399102				备注		

收款人：王文丽　　复核：张磊　　开票人：牛月茹　　销售方：（章）

第三联：发票联 购买方记账凭证

35－1/1

中国工商银行存款利息（回单）

2023 年 12 月 27 日

收款单位	户　　名	北京市新欣公司	付款单位	户　　名	工行上地支行		
	账　　号	760037886250		账　　号	200492163		
	开户银行	工行上地支行		开户银行	工行上地支行		
积数：			利率		利息	¥3321.20	

＿＿＿＿＿＿ 户第四季度利息 ¥3321.20

中国工商银行北京市分行 办讫章

代收、付款通知书

36－1/2

中国工商银行
转账支票存根　（京）

X35706411

附加信息

出票日期 2023 年 12 月 28 日

收款人：	怀柔希望小学
金　额：	¥20000.00
用　途：	捐赠款

单位主管：李明　会计：刘梓萌

36－2/2

北京市行政事业性统一银钱收据　　№ 10023004

支票号：

今收到	北京市新欣公司		
交来	助学捐赠款		
人民币（大写）	贰万元整		¥ 20000.00
收款单位（公章）		收款人（签章）孙涛	2023 年 12 月 28 日

北京怀柔希望小学 财务专用章

第二联 收据

37－1/2

中国工商银行
转账支票存根　（京）

X35706412

附加信息

____

____

出票日期　　年　月　日

收款人：	
金　额：	
用　途：	

单位主管：　　会计：

37－2/2

电子发票（普通发票）

全国统一发票监制章
国家税务总局
北京市税务局

发票号码　23211001040009690172
开票日期：2023 年 12 月 13 日

购买方信息	名　称：北京市新欣公司 统一社会信用代码/纳税人识别号：11010810137 8258	销售方信息	名　称：北京乐友园餐饮有限公司 统一社会信用代码/纳税人识别号：110102801399901

项目名称	规格型号	单位	数量	单价	金额	税率/征收率	税额
*餐饮服务*餐费			1	8396.23	8396.23	6%	503.77
合　计					¥8396.23		¥503.77
价税合计（大写）	⊗捌仟玖佰元整				（小写）¥8900.00		
备注							

开票人：吴云波

38－1/1

固定资产折旧计提表

2023 年 12 月 31 日　　　　单位：元

使用部门		固定资产原值	月折旧额	本月应提折旧额	备注
生产车间	一车间			9850.00	
	二车间			8950.00	
	小　计			**18800.00**	
	机修车间			1000.00	
	供电车间			1340.00	
	小　计			**2340.00**	
行政管理部门				14980.40	
合　　计				**36120.40**	

复核：张诚　　　　制表：李萌

39－1/1

发料凭证汇总表

2023 年 12 月 31 日　　　　单位：元

项　目		A 材料			B 材料			C 材料			合计
		数量	单价	金额	数量	单价	金额	数量	单价	金额	金额
一车间	甲产品	320	10	3200	200	18	3600	45	24	1080	7880
	乙产品	350	10	3500	220	18	3960	50	24	1200	8660
	一般消耗	60	10	600	19	18	342	8	24	192	1134
	小计	**730**		**7300**	**439**		**7902**	**103**		**2472**	**17674**
二车间	甲产品	300	10	3000	160	18	2880	35	24	840	6720
	乙产品	300	10	3000	200	18	3600	70	24	1680	8280
	一般消耗	70	10	700	21	18	378	12	24	288	1366
	小计	**670**		**6700**	**381**		**6858**	**117**		**2808**	**16366**
行政管理部门		200	10	2000	120	18	2160	50	24	1200	5360
合计		**1600**	**10**	**16000**	**940**	**18**	**16920**	**270**	**24**	**6480**	**39400**

复核：吴鑫　　　　制表：张静

40－1/2

原材料成本差异率计算表

2023 年 12 月 31 日

材料类别	成本差异额			计划成本			材料成本差异率（%）
	月初结存	本月收料	合计	月初结存	本月收料	合计	
原材料	－635.62	5450	4814.35	30000	26200	56200	8.566 5
合计	－635.62	5450	4814.35	30000	26200	56200	—

复核：吴鑫　　　　制表：张静

40－2/2

发出材料成本差异计算表

2023 年 12 月 31 日

项目		原材料计划成本	应负担的成本差异	实际成本
一车间	甲产品	7880	675.04	8555.04
	乙产品	8660	741.86	9401.86
	小计	**16540**	**1416.90**	**17956.90**
	一般消耗	1134	97.14	1231.14
	合计	**17674**	**1514.04**	**19188.04**
二车间	甲产品	6720	575.67	7295.67
	乙产品	8280	709.31	8989.31
	小计	**15000**	**1284.98**	**16284.98**
	一般消耗	1366	117.02	1483.02
	合计	**16366**	**1402.00**	**17768.00**
行政管理部门		5360	459.16	5819.16
总　计		**39400**	**3375.20**	**42775.20**

复核：吴鑫　　　　制表：张静

41－1/1

职工薪酬分配表

2023 年 12 月 31 日 单位：元

项　目		应付工资合计	五险一金（等）	合　计
基本生产成本	一车间			
	甲产品	16000	4480.00	20480.00
	乙产品	16251	4550.28	20801.28
	小计	**32251**	**9030.28**	**41281.28**
	二车间			
	甲产品	16500	4620.00	21120.00
	乙产品	16041	4491.48	20532.48
	小计	**32541**	**9111.48**	**41652.48**
制造费用	一车间	12846	2596.88	15442.88
	二车间	15440	4323.20	19763.20
	小计	**28286**	**6920.08**	**35206.08**
机修车间		5450	1206.00	6656.00
供电车间		6000	2000.00	8000.00
小计		**11450**	**3206.00**	**14656.00**
管理费用		60050	16814.00	76864.00
在建工程		10200	2856.00	13056.00
合　计		**174778**	**47937.84**	**222715.84**

复核：张诚　　　　制表：李萌

42－1/1

辅助生产费用分配表

2023 年 12 月 31 日 单位：元

项　目		分配金额	分配对象	待分配金额
基本生产成本	一车间		机修车间费用	9256
	甲产品	1994	供电车间费用	11100
	乙产品	2026		
	小计	**4020**		
	二车间			
	甲产品	2056		
	乙产品	2000		
	小计	**4056**		
制造费用	一车间	1601		
	二车间	1924		
	小计	**3525**		
管理费用		7484		
在建工程		1271		
合计		**20356**	分配对象合计	**20356**

复核：陈敏　　　　制表：王宇

43 - 1/1

制造费用分配表

2023 年 12 月 31 日　　　　单位：元

项　目	生产工人工资	分配率	分配额
一车间			
甲产品	16000		14349.95
乙产品	16251		14575.07
小　计	32251	0.8969	**28925.02**
二车间			
甲产品	16500		16692.28
乙产品	16041		16227.94
小　计	32541	1.0117	**32920.22**
合　计	64792		**61845.24**

复核：陈敏　　　　制表：王宇

44 - 1/4

一车间完工半成品成本计算单

产品名称：甲产品　　　　2023 年 12 月 31 日　　　　单位：元

成本项目	直接材料	直接人工	制造费用	合计
月初在产品	5282.59	3456.89	4258.74	12998.22
本月生产费用	8555.04	27840.00	16343.95	52738.99
合　计	13837.63	31296.89	20602.69	65737.21
完工产品成本（360 件）	13837.63	31296.89	20602.69	65737.21

复核：王欣雨　　　　制表：张建军

44 - 2/4

一车间完工半成品成本计算单

产品名称：乙产品　　　　2023 年 12 月 31 日　　　　单位：元

成本项目	直接材料	直接人工	制造费用	合计
月初在产品	8251.84	3105.21	3874.65	15231.70
本月生产费用	9401.86	27841.28	16601.07	53844.21
合　计	17653.70	30946.49	20475.72	69075.91
完工产品成本（310 件）	17653.70	30946.49	20475.72	69075.91

复核：王欣雨　　　　制表：张建军

44－3/4

二车间完工产品成本计算单

产品名称：甲产品　　　　2023 年 12 月 31 日

成本项目	直接材料	直接人工	制造费用	合计
月初在产品	4689.26	2356.12	2854.62	9900.00
转入一车间完工半成品成本	13837.63	31296.89	20602.69	65737.21
本月生产费用	7295.67	26720.00	18748.28	52763.95
合　计	25822.56	60373.01	42205.59	128401.16
完工产品成本（520 件）	25822.56	60373.01	42205.59	128401.16
完工产品单位成本	49.66	116.10	81.17	246.93

复核：王欣雨　　　　制表：张建军

44－4/4

二车间完工产品成本计算单

产品名称：乙产品　　　　2023 年 12 月 31 日　　　　单位：元

成本项目	直接材料	直接人工	制造费用	合计
月初在产品	2774.51	2387.66	2721.43	7883.60
转入一车间完工半成品成本	17653.70	30946.49	20475.72	69075.91
本月生产费用	8989.31	25332.48	18227.94	52549.73
合　计	29417.52	58666.63	41425.09	129509.24
完工产品成本（480 件）	29417.52	58666.63	41425.09	129509.24
完工产品单位成本	61.29	122.22	86.30	269.81

复核：王欣雨　　　　制表：张建军

45－1/1

坏账准备计提表

2023 年 12 月 31 日

应收款项余额	计提率	应提额	账面已提	实际应提
合　计				

复核：　　　　制表：

46－1/2

产品出库汇总表

2023 年 12 月 31 日　　单位：件

时间	甲产品数量	时间	乙产品数量	备注
6.19	200	6.19	300	
6.26	275	6.26	255	
合计	475		555	

复核：王欣雨　　制表：张建军

46－2/2

主营业务成本计算表

2023 年 12 月 31 日　　单位：元

名称及规格	编号	计量单位	发出商品数量	单位成本	总成本
甲产品		件	475	244.59	116180.25
乙产品		件	555	266.35	147824.25
合计					264004.50

复核：王欣雨　　制表：张建军

47－1/2

应交增值税计算表

2023 年 12 月 31 日　　金额单位：元

税种	收入项目	适用税率	应税金额	期初余额	应交销项税额	可抵扣进项税额	已交增值税	本期应缴税额
增值税	主营业务收入	13%						
合计								

会计主管：　　复核：　　制表：

47－2/2

城市维护建设税、教育费附加计算表

2023 年 12 月 31 日　　单位：元

税种	计提依据		税率	应缴税额	对方科目
	项目	金额			
城市维护建设税	增值税				
教育费附加	增值税				
合计					

会计主管：　　复核：　　制表：

48－1/2

收入、收益类科目结转计算表

2023 年 12 月 31 日　　单位：元

会计科目	金　额	备　注
合　计		

会计主管：　　复核：　　制表：

48－2/2

成本费用类科目结转计算表

2023 年 12 月 31 日　　单位：元

会计科目	金　额	备　注
合　计		

会计主管：　　复核：　　制表：

49－1/1

参考“以前年度损益调整”科目会计账簿记录。

50－1/1

企业所得税计算表

2023 年 12 月 31 日　　单位：元

税种	计提依据		适用税率	应缴税额	备注
	税目	计税总额			
企业所得税	应纳税所得额				
合计					

会计主管：　　复核：　　制表：

51－1/1

利润计算表

2023 年 12 月 31 日　　单位：元

科目	金　额	备　注
收入、收益项目总额		
减：成本、费用损失总额		
利润总额		
减：所得税费用		
净利润		

会计主管：　　复核：　　制表：

52－1/2

盈余公积计算表

2023 年 12 月 31 日　　金额：元

项目	计算依据	金额	适用比例	计提金额	备注
法定盈余公积	净利润				

会计主管：　　复核：　　制表：

52－2/2

应付股利计算表

2023 年 12 月 31 日　　单位：元

项　目	计提依据		适用比例	应付金额	备注
	可分配利润	金额			
应付股利					

会计主管：　　复核：　　制表：

53－1/1　原始凭证略。

参考文献

[1] 孔令一. 会计综合模拟实验通用账簿. 2 版. 上海：立信会计出版社，2021.

[2] 范树峰，张梅. 会计学基础仿真实训. 北京：电子工业出版社，2021.

[3] 张奇峰. 企业财务会计案例分析. 3 版. 上海：立信会计出版社，2021.

[4] 陈国辉，陈文铭，傅丹，等. 基础会计实训教程. 6 版. 大连：东北财经大学出版社，2022.

[5] 廉秋英. 会计实验与案例教程. 上海：上海交通大学出版社，2024.

图书在版编目（CIP）数据

基础会计实训教程/廉秋英主编；宗文龙副主编. 北京：中国人民大学出版社，2025.4. --（普通高等学校应用型教材）. -- ISBN 978-7-300-33771-5

Ⅰ. F230

中国国家版本馆 CIP 数据核字第 2025QE8407 号

普通高等学校应用型教材·会计

基础会计实训教程

主　编　廉秋英

副主编　宗文龙

Jichu Kuaiji Shixun Jiaocheng

出版发行	中国人民大学出版社		
社　　址	北京中关村大街 31 号	**邮政编码**	100080
电　　话	010－62511242（总编室）		010－62511770（质管部）
	010－82501766（邮购部）		010－62514148（门市部）
	010－62511173（发行公司）		010－62515275（盗版举报）
网　　址	http://www.crup.com.cn		
经　　销	新华书店		
印　　刷	北京七色印务有限公司		
开　　本	787 mm×1092 mm　1/16	**版　　次**	2025 年 4 月第 1 版
印　　张	22.25 插页 1	**印　　次**	2025 年 4 月第 1 次印刷
字　　数	320 000	**定　　价**	49.00 元

中国人民大学出版社　管理分社

教师教学服务说明

中国人民大学出版社管理分社以出版工商管理和公共管理类精品图书为宗旨。为更好地服务一线教师，我们着力建设了一批数字化、立体化的网络教学资源。教师可以通过以下方式获得免费下载教学资源的权限：

- 在中国人民大学出版社网站 www.crup.com.cn 进行注册，注册后进入“会员中心”，在左侧点击“我的教师认证”，填写相关信息，提交后等待审核。我们将在一个工作日内为您开通相关资源的下载权限。

- 如您急需教学资源或需要其他帮助，请加入教师 QQ 群或在工作时间与我们联络。

中国人民大学出版社　管理分社

教师 QQ 群： 648333426（工商管理）　114970332（财会）　648117133（公共管理）
教师群仅限教师加入，入群请备注（学校＋姓名）

联系电话： 010-62515735，62515987，62515782，82501048，62514760

电子邮箱： glcbfs@crup.com.cn

通讯地址： 北京市海淀区中关村大街甲 59 号文化大厦 1501 室（100872）

管理书社　　人大社财会　　公共管理与政治学悦读坊

普通高等学校应用型教材
会 计

基础会计实训教程

实训手册

主 编 廉秋英
副主编 宗文龙

中国人民大学出版社
· 北京 ·

目　录

一、综合实验用会计账簿账页

北京市新欣公司

现金日记账

2023 年度

现金日记账

年		凭证号数	摘要	对方科目	借方										贷方										余额									
月	日				千	百	十	万	千	百	十	元	角	分	千	百	十	万	千	百	十	元	角	分	千	百	十	万	千	百	十	元	角	分

现金日记账

年		凭证号数	摘要	对方科目	借方										贷方										余额									
月	日				千	百	十	万	千	百	十	元	角	分	千	百	十	万	千	百	十	元	角	分	千	百	十	万	千	百	十	元	角	分

北京市新欣公司

银行存款日记账

2023 年度

银行存款日记账

年		凭证号数	摘要	对方科目	现金支票号码	转账支票号码	借方										贷方										借或贷	余额									
月	日						千	百	十	万	千	百	十	元	角	分	千	百	十	万	千	百	十	元	角	分		千	百	十	万	千	百	十	元	角	分

银行存款日记账

年		凭证号数	摘要	对方科目	现金支票号码	转账支票号码	借方										贷方										借或贷	余额									
月	日						千	百	十	万	千	百	十	元	角	分	千	百	十	万	千	百	十	元	角	分		千	百	十	万	千	百	十	元	角	分

北京市新欣公司

明细分类账簿

2023 年度

账簿启用及交接表

单位名称		公　章
账簿名称	（第　册）	
账簿编号		
账簿页数	本账簿共计　　页（自第　页起至第　页止）	
启用日期	公　元　　年　月　日	

经管人员	单位主管		财务主管		复核		记账	
	姓名	盖章	姓名	盖章	姓名	盖章	姓名	盖章

交接记录	经管人员		接管				交出			
	职别	姓名	年	月	日	盖章	年	月	日	盖章

备注	

会计科目目录表

科目名称	账页页码	科目名称	账页页码	科目名称	账页页码
其他货币资金	1	累计折旧	35	本年利润	64
交易性金融资产	3	待处理财产损溢	36	主营业务收入	65
应收票据	4	无形资产	37	主营业务成本	66
应收账款	6	短期借款	39	税金及附加	67
坏账准备	11	应付票据	40	管理费用	68
其他应收款	12	应付账款	42	财务费用	69
材料采购	14	预收账款	43	销售费用	70
原材料	16	应付职工薪酬	44	制造费用	71
库存商品	19	应交税费	46	信用减值损失	73
材料成本差异	21	应付利息	53	营业外支出	74
存货跌价准备	22	应付股利	54	营业外收入	75
基本生产成本	23	其他应付款	55	投资收益	76
辅助生产成本	27	长期借款	57	以前年度损益调整	77
固定资产	29	股本	58	所得税费用	78
在建工程	32	资本公积	59		
固定资产减值准备	33	盈余公积	60		
固定资产清理	34	利润分配	61		

其他货币资金明细分类账

第 1 页

______科目______

年		凭证号数	摘要	对方科目	借方										贷方										借或贷	余额									
月	日				千	百	十	万	千	百	十	元	角	分	千	百	十	万	千	百	十	元	角	分		千	百	十	万	千	百	十	元	角	分

其他货币资金明细分类账

______科目______

年		凭证号数	摘要	对方科目	借方										贷方										借或贷	余额									
月	日				千	百	十	万	千	百	十	元	角	分	千	百	十	万	千	百	十	元	角	分		千	百	十	万	千	百	十	元	角	分

交易性金融资产明细分类账

________科目________

年		凭证号数	摘要	对方科目	借方										贷方										借或贷	余额									
月	日				千	百	十	万	千	百	十	元	角	分	千	百	十	万	千	百	十	元	角	分		千	百	十	万	千	百	十	元	角	分

应收票据明细分类账

______科目______

年		凭证号数	摘要	对方科目	借方										贷方										借或贷	余额									
月	日				千	百	十	万	千	百	十	元	角	分	千	百	十	万	千	百	十	元	角	分		千	百	十	万	千	百	十	元	角	分

应收票据明细分类账

第 5 页

__________科目__________

年		凭证号数	摘要	对方科目	借方										贷方										借或贷	余额									
月	日				千	百	十	万	千	百	十	元	角	分	千	百	十	万	千	百	十	元	角	分		千	百	十	万	千	百	十	元	角	分

应收账款明细分类账

______科目______

年		凭证号数	摘要	对方科目	借方										贷方										借或贷	余额									
月	日				千	百	十	万	千	百	十	元	角	分	千	百	十	万	千	百	十	元	角	分		千	百	十	万	千	百	十	元	角	分

应收账款明细分类账

第 7 页

______科目______

年		凭证号数	摘要	对方科目	借方										贷方										借或贷	余额									
月	日				千	百	十	万	千	百	十	元	角	分	千	百	十	万	千	百	十	元	角	分		千	百	十	万	千	百	十	元	角	分

应收账款明细分类账

科目

年		凭证号数	摘要	对方科目	借方										贷方										借或贷	余额									
月	日				千	百	十	万	千	百	十	元	角	分	千	百	十	万	千	百	十	元	角	分		千	百	十	万	千	百	十	元	角	分

应收账款明细分类账

第 9 页

______科目______

年		凭证号数	摘要	对方科目	借方										贷方										借或贷	余额									
月	日				千	百	十	万	千	百	十	元	角	分	千	百	十	万	千	百	十	元	角	分		千	百	十	万	千	百	十	元	角	分

应收账款明细分类账

______科目______

年		凭证号数	摘要	对方科目	借方										贷方										借或贷	余额									
月	日				千	百	十	万	千	百	十	元	角	分	千	百	十	万	千	百	十	元	角	分		千	百	十	万	千	百	十	元	角	分

坏账准备明细分类账

第 11 页

______科目______

年		凭证号数	摘要	对方科目	借方										贷方										借或贷	余额									
月	日				千	百	十	万	千	百	十	元	角	分	千	百	十	万	千	百	十	元	角	分		千	百	十	万	千	百	十	元	角	分

其他应收款明细分类账

______科目______

年		凭证号数	摘要	对方科目	借方										贷方										借或贷	余额									
月	日				千	百	十	万	千	百	十	元	角	分	千	百	十	万	千	百	十	元	角	分		千	百	十	万	千	百	十	元	角	分

其他应收款明细分类账

第 13 页

__________科目__________

年		凭证号数	摘要	对方科目	借方										贷方										借或贷	余额									
月	日				千	百	十	万	千	百	十	元	角	分	千	百	十	万	千	百	十	元	角	分		千	百	十	万	千	百	十	元	角	分

材料采购明细分类账

第 14 页

编号__________ 规格__________ 单位（ ）名称__________

年		凭证号数	摘要	借方												贷方												余额											
月	日			数量	单价	千	百	十	万	千	百	十	元	角	分	数量	单价	千	百	十	万	千	百	十	元	角	分	数量	单价	千	百	十	万	千	百	十	元	角	分

材料采购明细分类账

第 15 页

编号__________　　规格__________　　单位（　）名称__________

年		凭证号数	摘要	借方												贷方												余额											
月	日			数量	单价	千	百	十	万	千	百	十	元	角	分	数量	单价	千	百	十	万	千	百	十	元	角	分	数量	单价	千	百	十	万	千	百	十	元	角	分

最高存量__________

最低存量__________

原材料明细分类账

编号__________　　规格__________　　单位（　）名称__________

年		凭证号数	摘要	借方												贷方												余额											
月	日			数量	单价	千	百	十	万	千	百	十	元	角	分	数量	单价	千	百	十	万	千	百	十	元	角	分	数量	单价	千	百	十	万	千	百	十	元	角	分

最高存量__________

最低存量__________

原材料明细分类账

第 17 页

编号__________　　　　规格__________　　　　单位（　）名称__________

年		凭证号数	摘要	借方												贷方												余额											
月	日			数量	单价	千	百	十	万	千	百	十	元	角	分	数量	单价	千	百	十	万	千	百	十	元	角	分	数量	单价	千	百	十	万	千	百	十	元	角	分

最高存量__________

最低存量__________

原材料明细分类账

第 18 页

编号__________　　　　规格__________　　　　单位（　）名称__________

年		凭证号数	摘要	借方												贷方												余额											
月	日			数量	单价	千	百	十	万	千	百	十	元	角	分	数量	单价	千	百	十	万	千	百	十	元	角	分	数量	单价	千	百	十	万	千	百	十	元	角	分

库存商品明细分类账

第 19 页

规格＿＿＿＿　　品名＿＿＿＿　　单位（　）编号＿＿＿＿

年		凭证号数	摘要	收入（借方）												付出（贷方）												结存											
月	日			数量	单价	千	百	十	万	千	百	十	元	角	分	数量	单价	千	百	十	万	千	百	十	元	角	分	数量	单价	千	百	十	万	千	百	十	元	角	分

库存商品明细分类账

规格__________　　　　品名__________　　　　单位（　）编号__________

年		凭证号数	摘要	收入（借方）												付出（贷方）												结存											
月	日			数量	单价	千	百	十	万	千	百	十	元	角	分	数量	单价	千	百	十	万	千	百	十	元	角	分	数量	单价	千	百	十	万	千	百	十	元	角	分

材料成本差异明细分类账

第 21 页

______科目______

年		凭证号数	摘要	对方科目	借方										贷方										借或贷	余额									
月	日				千	百	十	万	千	百	十	元	角	分	千	百	十	万	千	百	十	元	角	分		千	百	十	万	千	百	十	元	角	分

存货跌价准备明细分类账

______科目______

年		凭证号数	摘要	对方科目	借方										贷方										借或贷	余额									
月	日				千	百	十	万	千	百	十	元	角	分	千	百	十	万	千	百	十	元	角	分		千	百	十	万	千	百	十	元	角	分

基本生产成本明细分类账

第 23 页

________车间________

年		凭证号数	摘　　要	数量	借　　方			
月	日				直接材料	直接人工	制造费用	合计

基本生产成本明细分类账

第 24 页

______车间______

年		凭证号数	摘要	数量	借方			
月	日				直接材料	直接人工	制造费用	合计

基本生产成本明细分类账

第 25 页

________车间________

年		凭证号数	摘　　要	数量	借　　方			
月	日				直接材料	直接人工	制造费用	合计

基本生产成本明细分类账

第 26 页

______车间______

年		凭证号数	摘要	数量	借方			
月	日				直接材料	直接人工	制造费用	合计

辅助生产成本明细分类账

______车间______

年		凭证号数	摘要	对方科目	借方										贷方										借或贷	余额									
月	日				千	百	十	万	千	百	十	元	角	分	千	百	十	万	千	百	十	元	角	分		千	百	十	万	千	百	十	元	角	分

辅助生产成本明细分类账

______车间______

年		凭证号数	摘要	对方科目	借方										贷方										借或贷	余额									
月	日				千	百	十	万	千	百	十	元	角	分	千	百	十	万	千	百	十	元	角	分		千	百	十	万	千	百	十	元	角	分

固定资产明细分类账

第 29 页

________科目________

年		凭证号数	摘要	对方科目	借方										贷方										借或贷	余额									
月	日				千	百	十	万	千	百	十	元	角	分	千	百	十	万	千	百	十	元	角	分		千	百	十	万	千	百	十	元	角	分

固定资产明细分类账

______科目______

年		凭证号数	摘要	对方科目	借方										贷方										借或贷	余额									
月	日				千	百	十	万	千	百	十	元	角	分	千	百	十	万	千	百	十	元	角	分		千	百	十	万	千	百	十	元	角	分

固定资产明细分类账

__________科目__________

年		凭证号数	摘要	对方科目	借方										贷方										借或贷	余额									
月	日				千	百	十	万	千	百	十	元	角	分	千	百	十	万	千	百	十	元	角	分		千	百	十	万	千	百	十	元	角	分

在建工程明细分类账

科目

年		凭证号数	摘要	对方科目	借方										贷方										借或贷	余额									
月	日				千	百	十	万	千	百	十	元	角	分	千	百	十	万	千	百	十	元	角	分		千	百	十	万	千	百	十	元	角	分

固定资产减值准备明细分类账

第 33 页

______科目______

年		凭证号数	摘要	对方科目	借方										贷方										借或贷	余额									
月	日				千	百	十	万	千	百	十	元	角	分	千	百	十	万	千	百	十	元	角	分		千	百	十	万	千	百	十	元	角	分

固定资产清理明细分类账

______科目______

年		凭证号数	摘要	对方科目	借方										贷方										借或贷	余额									
月	日				千	百	十	万	千	百	十	元	角	分	千	百	十	万	千	百	十	元	角	分		千	百	十	万	千	百	十	元	角	分

累计折旧明细分类账

第 35 页

________科目________

年		凭证号数	摘要	对方科目	借方										贷方										借或贷	余额									
月	日				千	百	十	万	千	百	十	元	角	分	千	百	十	万	千	百	十	元	角	分		千	百	十	万	千	百	十	元	角	分

待处理财产损溢明细分类账

______科目______

年		凭证号数	摘要	对方科目	借方										贷方										借或贷	余额									
月	日				千	百	十	万	千	百	十	元	角	分	千	百	十	万	千	百	十	元	角	分		千	百	十	万	千	百	十	元	角	分

无形资产明细分类账

第 37 页

______科目______

年		凭证号数	摘要	对方科目	借方										贷方										借或贷	余额									
月	日				千	百	十	万	千	百	十	元	角	分	千	百	十	万	千	百	十	元	角	分		千	百	十	万	千	百	十	元	角	分

无形资产明细分类账

______科目______

年		凭证号数	摘要	对方科目	借方										贷方										借或贷	余额									
月	日				千	百	十	万	千	百	十	元	角	分	千	百	十	万	千	百	十	元	角	分		千	百	十	万	千	百	十	元	角	分

短期借款明细分类账

______科目______

年		凭证号数	摘要	对方科目	借方										贷方										借或贷	余额									
月	日				千	百	十	万	千	百	十	元	角	分	千	百	十	万	千	百	十	元	角	分		千	百	十	万	千	百	十	元	角	分

应付票据明细分类账

______科目______

年		凭证号数	摘要	对方科目	借方										贷方										借或贷	余额									
月	日				千	百	十	万	千	百	十	元	角	分	千	百	十	万	千	百	十	元	角	分		千	百	十	万	千	百	十	元	角	分

应付票据明细分类账

第 41 页

________科目________

年		凭证号数	摘要	对方科目	借方										贷方										借或贷	余额									
月	日				千	百	十	万	千	百	十	元	角	分	千	百	十	万	千	百	十	元	角	分		千	百	十	万	千	百	十	元	角	分

应付账款明细分类账

______科目______

年		凭证号数	摘要	对方科目	借方										贷方										借或贷	余额									
月	日				千	百	十	万	千	百	十	元	角	分	千	百	十	万	千	百	十	元	角	分		千	百	十	万	千	百	十	元	角	分

预收账款明细分类账

第 43 页

__________科目__________

年		凭证号数	摘要	对方科目	借方										贷方										借或贷	余额									
月	日				千	百	十	万	千	百	十	元	角	分	千	百	十	万	千	百	十	元	角	分		千	百	十	万	千	百	十	元	角	分

应付职工薪酬明细分类账

工资 科目

年		凭证号数	摘要	对方科目	借方										贷方										借或贷	余额									
月	日				千	百	十	万	千	百	十	元	角	分	千	百	十	万	千	百	十	元	角	分		千	百	十	万	千	百	十	元	角	分

应付职工薪酬明细分类账

第 45 页

五险一金（等）科目

年		凭证号数	摘要	对方科目	借方										贷方										借或贷	余额									
月	日				千	百	十	万	千	百	十	元	角	分	千	百	十	万	千	百	十	元	角	分		千	百	十	万	千	百	十	元	角	分

应交税费明细分类账

应交消费税 科目

年		凭证号数	摘要	对方科目	借方										贷方										借或贷	余额									
月	日				千	百	十	万	千	百	十	元	角	分	千	百	十	万	千	百	十	元	角	分		千	百	十	万	千	百	十	元	角	分

应交税费明细分类账

应交城市维护建设税 科目

年		凭证号数	摘要	对方科目	借方										贷方										借或贷	余额									
月	日				千	百	十	万	千	百	十	元	角	分	千	百	十	万	千	百	十	元	角	分		千	百	十	万	千	百	十	元	角	分

应交税费明细分类账

应交教育费附加　科目

年		凭证号数	摘要	对方科目	借方										贷方										借或贷	余额									
月	日				千	百	十	万	千	百	十	元	角	分	千	百	十	万	千	百	十	元	角	分		千	百	十	万	千	百	十	元	角	分

应交税费明细分类账

第 49 页

应交所得税 科目

年		凭证号数	摘要	对方科目	借方										贷方										借或贷	余额									
月	日				千	百	十	万	千	百	十	元	角	分	千	百	十	万	千	百	十	元	角	分		千	百	十	万	千	百	十	元	角	分

应交税费明细分类账

应交个人所得税 科目

年		凭证号数	摘要	对方科目	借方										贷方										借或贷	余额									
月	日				千	百	十	万	千	百	十	元	角	分	千	百	十	万	千	百	十	元	角	分		千	百	十	万	千	百	十	元	角	分

应交税费明细分类账

第 51 页

未交增值税 科目

年		凭证号数	摘要	对方科目	借方										贷方										借或贷	余额									
月	日				千	百	十	万	千	百	十	元	角	分	千	百	十	万	千	百	十	元	角	分		千	百	十	万	千	百	十	元	角	分

应交税费明细分类账

应交增值税　科目

年		凭证号数	摘要	借方				贷方				借或贷	余额
月	日			进项税额	已交税金	转出未交税金	合计	销项税额	进项税额转出	转出多交税金	合计		

应付利息明细分类账

第 53 页

________科目________

年		凭证号数	摘要	对方科目	借方										贷方										借或贷	余额									
月	日				千	百	十	万	千	百	十	元	角	分	千	百	十	万	千	百	十	元	角	分		千	百	十	万	千	百	十	元	角	分

应付股利明细分类账

______科目______

年		凭证号数	摘要	对方科目	借方										贷方										借或贷	余额									
月	日				千	百	十	万	千	百	十	元	角	分	千	百	十	万	千	百	十	元	角	分		千	百	十	万	千	百	十	元	角	分

其他应付款明细分类账

第 55 页

京顺公司　科目

年		凭证号数	摘要	对方科目	借方										贷方										借或贷	余额									
月	日				千	百	十	万	千	百	十	元	角	分	千	百	十	万	千	百	十	元	角	分		千	百	十	万	千	百	十	元	角	分

其他应付款明细分类账

代扣职工款 科目______

年		凭证号数	摘要	对方科目	借方										贷方										借或贷	余额									
月	日				千	百	十	万	千	百	十	元	角	分	千	百	十	万	千	百	十	元	角	分		千	百	十	万	千	百	十	元	角	分

长期借款明细分类账

第 57 页

____________科目____________

年		凭证号数	摘要	对方科目	借方										贷方										借或贷	余额									
月	日				千	百	十	万	千	百	十	元	角	分	千	百	十	万	千	百	十	元	角	分		千	百	十	万	千	百	十	元	角	分

股本明细分类账

______科目______

年		凭证号数	摘要	对方科目	借方										贷方										借或贷	余额									
月	日				千	百	十	万	千	百	十	元	角	分	千	百	十	万	千	百	十	元	角	分		千	百	十	万	千	百	十	元	角	分

资本公积明细分类账

第 59 页

______科目______

年		凭证号数	摘要	对方科目	借方										贷方										借或贷	余额									
月	日				千	百	十	万	千	百	十	元	角	分	千	百	十	万	千	百	十	元	角	分		千	百	十	万	千	百	十	元	角	分

盈余公积明细分类账

________科目________

年		凭证号数	摘要	对方科目	借方										贷方										借或贷	余额									
月	日				千	百	十	万	千	百	十	元	角	分	千	百	十	万	千	百	十	元	角	分		千	百	十	万	千	百	十	元	角	分

利润分配明细分类账

第 61 页

______科目______

年		凭证号数	摘要	对方科目	借方										贷方										借或贷	余额									
月	日				千	百	十	万	千	百	十	元	角	分	千	百	十	万	千	百	十	元	角	分		千	百	十	万	千	百	十	元	角	分

利润分配明细分类账

＿＿＿＿＿＿科目＿＿＿＿＿＿

年		凭证号数	摘要	对方科目	借方										贷方										借或贷	余额									
月	日				千	百	十	万	千	百	十	元	角	分	千	百	十	万	千	百	十	元	角	分		千	百	十	万	千	百	十	元	角	分

利润分配明细分类账

第 63 页

科目＿＿＿＿＿＿

年		凭证号数	摘要	对方科目	借方										贷方										借或贷	余额									
月	日				千	百	十	万	千	百	十	元	角	分	千	百	十	万	千	百	十	元	角	分		千	百	十	万	千	百	十	元	角	分

本年利润明细分类账

______科目______

年		凭证号数	摘要	对方科目	借方										贷方										借或贷	余额									
月	日				千	百	十	万	千	百	十	元	角	分	千	百	十	万	千	百	十	元	角	分		千	百	十	万	千	百	十	元	角	分

主营业务收入明细分类账

第 65 页

________科目________

年		凭证号数	摘要	借方	贷方			借或贷	余额
月	日				甲产品	乙产品	合计		

主营业务成本明细分类账

______科目______

年		凭证号数	摘要	借方			贷方	借或贷	余额
月	日			甲产品	乙产品	合计			

税金及附加明细分类账

第 67 页

______科目______

年		凭证号数	摘要	对方科目	借方										贷方										借或贷	余额									
月	日				千	百	十	万	千	百	十	元	角	分	千	百	十	万	千	百	十	元	角	分		千	百	十	万	千	百	十	元	角	分

管理费用明细分类账

科目______

年		凭证号数	摘要	借方						贷方	借或贷	余额
月	日			材料费	工薪费用	折旧费	办公费	其他	合计			

财务费用明细分类账

第 69 页

______科目______

年		凭证号数	摘要	对方科目	借方										贷方										借或贷	余额									
月	日				千	百	十	万	千	百	十	元	角	分	千	百	十	万	千	百	十	元	角	分		千	百	十	万	千	百	十	元	角	分

销售费用明细分类账

______科目______

年		凭证号数	摘要	对方科目	借方										贷方										借或贷	余额									
月	日				千	百	十	万	千	百	十	元	角	分	千	百	十	万	千	百	十	元	角	分		千	百	十	万	千	百	十	元	角	分

制造费用明细分类账

第 71 页

________科目________

年		凭证号数	摘要	对方科目	借方										贷方										借或贷	余额									
月	日				千	百	十	万	千	百	十	元	角	分	千	百	十	万	千	百	十	元	角	分		千	百	十	万	千	百	十	元	角	分

制造费用明细账

科目______

年		凭证号数	摘要	对方科目	借方										贷方										借或贷	余额									
月	日				千	百	十	万	千	百	十	元	角	分	千	百	十	万	千	百	十	元	角	分		千	百	十	万	千	百	十	元	角	分

信用减值损失明细分类账

第 73 页

______科目______

年		凭证号数	摘要	对方科目	借方										贷方										借或贷	余额									
月	日				千	百	十	万	千	百	十	元	角	分	千	百	十	万	千	百	十	元	角	分		千	百	十	万	千	百	十	元	角	分

营业外支出明细分类账

______科目______

年		凭证号数	摘要	对方科目	借方										贷方										借或贷	余额									
月	日				千	百	十	万	千	百	十	元	角	分	千	百	十	万	千	百	十	元	角	分		千	百	十	万	千	百	十	元	角	分

营业外收入明细分类账

第 75 页

科目

年		凭证号数	摘要	对方科目	借方										贷方										借或贷	余额									
月	日				千	百	十	万	千	百	十	元	角	分	千	百	十	万	千	百	十	元	角	分		千	百	十	万	千	百	十	元	角	分

投资收益明细分类账

__________科目__________

年		凭证号数	摘要	对方科目	借方										贷方										借或贷	余额									
月	日				千	百	十	万	千	百	十	元	角	分	千	百	十	万	千	百	十	元	角	分		千	百	十	万	千	百	十	元	角	分

以前年度损益调整明细分类账

第 77 页

__________科目__________

年		凭证号数	摘要	对方科目	借方										贷方										借或贷	余额									
月	日				千	百	十	万	千	百	十	元	角	分	千	百	十	万	千	百	十	元	角	分		千	百	十	万	千	百	十	元	角	分

所得税费用明细分类账

______科目______

年		凭证号数	摘要	对方科目	借方										贷方										借或贷	余额									
月	日				千	百	十	万	千	百	十	元	角	分	千	百	十	万	千	百	十	元	角	分		千	百	十	万	千	百	十	元	角	分

明细分类账

第　页

______科目______

年		凭证号数	摘要	对方科目	借方										贷方										借或贷	余额									
月	日				千	百	十	万	千	百	十	元	角	分	千	百	十	万	千	百	十	元	角	分		千	百	十	万	千	百	十	元	角	分

明细分类账

第　页

科目

年		凭证号数	摘要	对方科目	借方										贷方										借或贷	余额									
月	日				千	百	十	万	千	百	十	元	角	分	千	百	十	万	千	百	十	元	角	分		千	百	十	万	千	百	十	元	角	分

明细分类账

第　页

________科目________

年		凭证号数	摘要	对方科目	借方										贷方										借或贷	余额									
月	日				千	百	十	万	千	百	十	元	角	分	千	百	十	万	千	百	十	元	角	分		千	百	十	万	千	百	十	元	角	分

北京市新欣公司

总分类账簿

2023 年度

会计科目目录表

科目名称	账页页码	科目名称	账页页码	科目名称	账页页码
库存现金	1	固定资产减值准备	18	盈余公积	35
银行存款	2	固定资产清理	19	利润分配	36
其他货币资金	3	待处理财产损溢	20	本年利润	37
交易性金融资产	4	累计折旧	21	主营业务收入	38
应收票据	5	无形资产	22	主营业务成本	39
应收账款	6	短期借款	23	税金及附加	40
坏账准备	7	应付票据	24	管理费用	41
其他应收款	8	应付账款	25	财务费用	42
材料采购	9	预收账款	26	销售费用	43
原材料	10	应付职工薪酬	27	制造费用	44
库存商品	11	应交税费	28	信用减值损失	45
材料成本差异	12	应付利息	29	营业外支出	46
存货跌价准备	13	应付股利	30	营业外收入	47
基本生产成本	14	其他应付款	31	投资收益	48
辅助生产成本	15	长期借款	32	以前年度损益调整	49
固定资产	16	股本	33	所得税费用	50
在建工程	17	资本公积	34		

库存现金总分类账

第 1 页

年		凭证号数	摘要	借方										贷方										借或贷	余额									
月	日			千	百	十	万	千	百	十	元	角	分	千	百	十	万	千	百	十	元	角	分		千	百	十	万	千	百	十	元	角	分

银行存款总分类账

第 2 页

年		凭证号数	摘要	借方										贷方										借或贷	余额									
月	日			千	百	十	万	千	百	十	元	角	分	千	百	十	万	千	百	十	元	角	分		千	百	十	万	千	百	十	元	角	分

其他货币资金总分类账

第 3 页

年		凭证号数	摘要	借方										贷方										借或贷	余额									
月	日			千	百	十	万	千	百	十	元	角	分	千	百	十	万	千	百	十	元	角	分		千	百	十	万	千	百	十	元	角	分

交易性金融资产总分类账

第 4 页

年		凭证号数	摘要	借方										贷方										借或贷	余额									
月	日			千	百	十	万	千	百	十	元	角	分	千	百	十	万	千	百	十	元	角	分		千	百	十	万	千	百	十	元	角	分

应收票据总分类账

第 5 页

年		凭证号数	摘要	借方										贷方										借或贷	余额									
月	日			千	百	十	万	千	百	十	元	角	分	千	百	十	万	千	百	十	元	角	分		千	百	十	万	千	百	十	元	角	分

应收账款总分类账

第 6 页

年		凭证号数	摘要	借方										贷方										借或贷	余额									
月	日			千	百	十	万	千	百	十	元	角	分	千	百	十	万	千	百	十	元	角	分		千	百	十	万	千	百	十	元	角	分

坏账准备总分类账

第 7 页

年		凭证号数	摘要	借方										贷方										借或贷	余额									
月	日			千	百	十	万	千	百	十	元	角	分	千	百	十	万	千	百	十	元	角	分		千	百	十	万	千	百	十	元	角	分

其他应收款总分类账

第 8 页

年		凭证号数	摘要	借方										贷方										借或贷	余额									
月	日			千	百	十	万	千	百	十	元	角	分	千	百	十	万	千	百	十	元	角	分		千	百	十	万	千	百	十	元	角	分

材料采购总分类账

第 9 页

年		凭证号数	摘要	借方										贷方										借或贷	余额									
月	日			千	百	十	万	千	百	十	元	角	分	千	百	十	万	千	百	十	元	角	分		千	百	十	万	千	百	十	元	角	分

原材料总分类账

第 10 页

年		凭证号数	摘要	借方										贷方										借或贷	余额									
月	日			千	百	十	万	千	百	十	元	角	分	千	百	十	万	千	百	十	元	角	分		千	百	十	万	千	百	十	元	角	分

库存商品总分类账

第 11 页

年		凭证号数	摘要	借方										贷方										借或贷	余额									
月	日			千	百	十	万	千	百	十	元	角	分	千	百	十	万	千	百	十	元	角	分		千	百	十	万	千	百	十	元	角	分

材料成本差异总分类账

第 12 页

年		凭证号数	摘要	借方										贷方										借或贷	余额									
月	日			千	百	十	万	千	百	十	元	角	分	千	百	十	万	千	百	十	元	角	分		千	百	十	万	千	百	十	元	角	分

存货跌价准备总分类账

第 13 页

年		凭证号数	摘要	借方										贷方										借或贷	余额									
月	日			千	百	十	万	千	百	十	元	角	分	千	百	十	万	千	百	十	元	角	分		千	百	十	万	千	百	十	元	角	分

基本生产成本总分类账

第 14 页

年		凭证号数	摘要	借方										贷方										借或贷	余额									
月	日			千	百	十	万	千	百	十	元	角	分	千	百	十	万	千	百	十	元	角	分		千	百	十	万	千	百	十	元	角	分

辅助生产成本总分类账

第 15 页

年		凭证号数	摘要	借方										贷方										借或贷	余额									
月	日			千	百	十	万	千	百	十	元	角	分	千	百	十	万	千	百	十	元	角	分		千	百	十	万	千	百	十	元	角	分

固定资产总分类账

第 16 页

年		凭证号数	摘要	借方										贷方										借或贷	余额									
月	日			千	百	十	万	千	百	十	元	角	分	千	百	十	万	千	百	十	元	角	分		千	百	十	万	千	百	十	元	角	分

在建工程总分类账

第 17 页

年		凭证号数	摘要	借方										贷方										借或贷	余额									
月	日			千	百	十	万	千	百	十	元	角	分	千	百	十	万	千	百	十	元	角	分		千	百	十	万	千	百	十	元	角	分

固定资产减值准备总分类账

第 18 页

年		凭证号数	摘要	借方										贷方										借或贷	余额									
月	日			千	百	十	万	千	百	十	元	角	分	千	百	十	万	千	百	十	元	角	分		千	百	十	万	千	百	十	元	角	分

固定资产清理总分类账

第 19 页

年		凭证号数	摘要	借方										贷方										借或贷	余额									
月	日			千	百	十	万	千	百	十	元	角	分	千	百	十	万	千	百	十	元	角	分		千	百	十	万	千	百	十	元	角	分

待处理财产损溢总分类账

第 20 页

年		凭证号数	摘要	借方										贷方										借或贷	余额									
月	日			千	百	十	万	千	百	十	元	角	分	千	百	十	万	千	百	十	元	角	分		千	百	十	万	千	百	十	元	角	分

累计折旧总分类账

第 21 页

年		凭证号数	摘要	借方										贷方										借或贷	余额									
月	日			千	百	十	万	千	百	十	元	角	分	千	百	十	万	千	百	十	元	角	分		千	百	十	万	千	百	十	元	角	分

无形资产总分类账

第 22 页

年		凭证号数	摘要	借方										贷方										借或贷	余额									
月	日			千	百	十	万	千	百	十	元	角	分	千	百	十	万	千	百	十	元	角	分		千	百	十	万	千	百	十	元	角	分

短期借款总分类账

第23页

年		凭证号数	摘要	借方										贷方										借或贷	余额									
月	日			千	百	十	万	千	百	十	元	角	分	千	百	十	万	千	百	十	元	角	分		千	百	十	万	千	百	十	元	角	分

应付票据总分类账

第24页

年		凭证号数	摘要	借方										贷方										借或贷	余额									
月	日			千	百	十	万	千	百	十	元	角	分	千	百	十	万	千	百	十	元	角	分		千	百	十	万	千	百	十	元	角	分

应付账款总分类账

第 25 页

年		凭证号数	摘要	借方										贷方										借或贷	余额									
月	日			千	百	十	万	千	百	十	元	角	分	千	百	十	万	千	百	十	元	角	分		千	百	十	万	千	百	十	元	角	分

预收账款总分类账

第 26 页

年		凭证号数	摘要	借方										贷方										借或贷	余额									
月	日			千	百	十	万	千	百	十	元	角	分	千	百	十	万	千	百	十	元	角	分		千	百	十	万	千	百	十	元	角	分

应付职工薪酬总分类账

第 27 页

年		凭证号数	摘要	借方										贷方										借或贷	余额									
月	日			千	百	十	万	千	百	十	元	角	分	千	百	十	万	千	百	十	元	角	分		千	百	十	万	千	百	十	元	角	分

应交税费总分类账

第 28 页

年		凭证号数	摘要	借方										贷方										借或贷	余额									
月	日			千	百	十	万	千	百	十	元	角	分	千	百	十	万	千	百	十	元	角	分		千	百	十	万	千	百	十	元	角	分

应付利息总分类账

第 29 页

年		凭证号数	摘要	借方										贷方										借或贷	余额									
月	日			千	百	十	万	千	百	十	元	角	分	千	百	十	万	千	百	十	元	角	分		千	百	十	万	千	百	十	元	角	分

应付股利总分类账

第 30 页

年		凭证号数	摘要	借方										贷方										借或贷	余额									
月	日			千	百	十	万	千	百	十	元	角	分	千	百	十	万	千	百	十	元	角	分		千	百	十	万	千	百	十	元	角	分

其他应付款总分类账

年		凭证号数	摘要	借方										贷方										借或贷	余额									
月	日			千	百	十	万	千	百	十	元	角	分	千	百	十	万	千	百	十	元	角	分		千	百	十	万	千	百	十	元	角	分

长期借款总分类账

年		凭证号数	摘要	借方										贷方										借或贷	余额									
月	日			千	百	十	万	千	百	十	元	角	分	千	百	十	万	千	百	十	元	角	分		千	百	十	万	千	百	十	元	角	分

股本总分类账

第 33 页

年		凭证号数	摘要	借方										贷方										借或贷	余额									
月	日			千	百	十	万	千	百	十	元	角	分	千	百	十	万	千	百	十	元	角	分		千	百	十	万	千	百	十	元	角	分

资本公积总分类账

第 34 页

年		凭证号数	摘要	借方										贷方										借或贷	余额									
月	日			千	百	十	万	千	百	十	元	角	分	千	百	十	万	千	百	十	元	角	分		千	百	十	万	千	百	十	元	角	分

盈余公积总分类账

第 35 页

年		凭证号数	摘要	借方										贷方										借或贷	余额									
月	日			千	百	十	万	千	百	十	元	角	分	千	百	十	万	千	百	十	元	角	分		千	百	十	万	千	百	十	元	角	分

利润分配总分类账

第 36 页

年		凭证号数	摘要	借方										贷方										借或贷	余额									
月	日			千	百	十	万	千	百	十	元	角	分	千	百	十	万	千	百	十	元	角	分		千	百	十	万	千	百	十	元	角	分

本年利润总分类账

第 37 页

年		凭证号数	摘要	借方										贷方										借或贷	余额									
月	日			千	百	十	万	千	百	十	元	角	分	千	百	十	万	千	百	十	元	角	分		千	百	十	万	千	百	十	元	角	分

主营业务收入总分类账

第 38 页

年		凭证号数	摘要	借方										贷方										借或贷	余额									
月	日			千	百	十	万	千	百	十	元	角	分	千	百	十	万	千	百	十	元	角	分		千	百	十	万	千	百	十	元	角	分

主营业务成本总分类账

年		凭证号数	摘要	借方										贷方										借或贷	余额									
月	日			千	百	十	万	千	百	十	元	角	分	千	百	十	万	千	百	十	元	角	分		千	百	十	万	千	百	十	元	角	分

税金及附加总分类账

年		凭证号数	摘要	借方										贷方										借或贷	余额									
月	日			千	百	十	万	千	百	十	元	角	分	千	百	十	万	千	百	十	元	角	分		千	百	十	万	千	百	十	元	角	分

管理费用总分类账

第 41 页

年		凭证号数	摘要	借方										贷方										借或贷	余额									
月	日			千	百	十	万	千	百	十	元	角	分	千	百	十	万	千	百	十	元	角	分		千	百	十	万	千	百	十	元	角	分

财务费用总分类账

第 42 页

年		凭证号数	摘要	借方										贷方										借或贷	余额									
月	日			千	百	十	万	千	百	十	元	角	分	千	百	十	万	千	百	十	元	角	分		千	百	十	万	千	百	十	元	角	分

销售费用总分类账

第 43 页

年		凭证号数	摘要	借方										贷方										借或贷	余额									
月	日			千	百	十	万	千	百	十	元	角	分	千	百	十	万	千	百	十	元	角	分		千	百	十	万	千	百	十	元	角	分

制造费用总分类账

第 44 页

年		凭证号数	摘要	借方										贷方										借或贷	余额									
月	日			千	百	十	万	千	百	十	元	角	分	千	百	十	万	千	百	十	元	角	分		千	百	十	万	千	百	十	元	角	分

信用减值损失总分类账

第 45 页

年		凭证号数	摘要	借方										贷方										借或贷	余额									
月	日			千	百	十	万	千	百	十	元	角	分	千	百	十	万	千	百	十	元	角	分		千	百	十	万	千	百	十	元	角	分

营业外支出总分类账

第 46 页

年		凭证号数	摘要	借方										贷方										借或贷	余额									
月	日			千	百	十	万	千	百	十	元	角	分	千	百	十	万	千	百	十	元	角	分		千	百	十	万	千	百	十	元	角	分

营业外收入总分类账

第 47 页

年		凭证号数	摘要	借方										贷方										借或贷	余额									
月	日			千	百	十	万	千	百	十	元	角	分	千	百	十	万	千	百	十	元	角	分		千	百	十	万	千	百	十	元	角	分

投资收益总分类账

第 48 页

年		凭证号数	摘要	借方										贷方										借或贷	余额									
月	日			千	百	十	万	千	百	十	元	角	分	千	百	十	万	千	百	十	元	角	分		千	百	十	万	千	百	十	元	角	分

以前年度损益调整总分类账

第 49 页

年		凭证号数	摘要	借方										贷方										借或贷	余额									
月	日			千	百	十	万	千	百	十	元	角	分	千	百	十	万	千	百	十	元	角	分		千	百	十	万	千	百	十	元	角	分

所得税费用总分类账

第 50 页

年		凭证号数	摘要	借方										贷方										借或贷	余额									
月	日			千	百	十	万	千	百	十	元	角	分	千	百	十	万	千	百	十	元	角	分		千	百	十	万	千	百	十	元	角	分

总分类账

第　页

年		凭证号数	摘要	借方										贷方										借或贷	余额									
月	日			千	百	十	万	千	百	十	元	角	分	千	百	十	万	千	百	十	元	角	分		千	百	十	万	千	百	十	元	角	分

总分类账

第　页

年		凭证号数	摘要	借方										贷方										借或贷	余额									
月	日			千	百	十	万	千	百	十	元	角	分	千	百	十	万	千	百	十	元	角	分		千	百	十	万	千	百	十	元	角	分

总分类账

第　页

年		凭证号数	摘要	借方										贷方										借或贷	余额									
月	日			千	百	十	万	千	百	十	元	角	分	千	百	十	万	千	百	十	元	角	分		千	百	十	万	千	百	十	元	角	分

总分类账

第　页

年		凭证号数	摘要	借方										贷方										借或贷	余额									
月	日			千	百	十	万	千	百	十	元	角	分	千	百	十	万	千	百	十	元	角	分		千	百	十	万	千	百	十	元	角	分

总分类账

第　页

年		凭证号数	摘要	借方										贷方										借或贷	余额									
月	日			千	百	十	万	千	百	十	元	角	分	千	百	十	万	千	百	十	元	角	分		千	百	十	万	千	百	十	元	角	分

总分类账

第　页

年		凭证号数	摘要	借方										贷方										借或贷	余额									
月	日			千	百	十	万	千	百	十	元	角	分	千	百	十	万	千	百	十	元	角	分		千	百	十	万	千	百	十	元	角	分

二、综合实验用科目汇总表

科目汇总表

年　月　日　　　　　　　　　　　　字第　　号

借方金额	会计科目	贷方金额

科目汇总表

年　月　日　　　　　　　　　　　　字第　　号

借方金额	会计科目	贷方金额

三、综合实验用会计报表

资产负债表

编制单位： 年 月 日 单位：元

资产	期末余额	上年年末余额	负债和所有者权益	期末余额	上年年末余额
流动资产：			流动负债：		
货币资金			短期借款		
交易性金融资产			交易性金融负债		
应收票据			应付票据		
应收账款			应付账款		
预付款项			预收款项		
其他应收款			应付职工薪酬		
存货			应交税费		
一年内到期的非流动资产			其他应付款		
其他流动资产			一年内到期的非流动负债		
流动资产合计			其他流动负债		
非流动资产：			流动负债合计		
债权投资			非流动负债：		
其他债权投资			长期借款		
长期应收款			应付债券		
长期股权投资			长期应付款		
投资性房地产			预计负债		
固定资产			递延所得税负债		
在建工程			其他非流动负债		
生产性生物资产			非流动负债合计		
无形资产			负债合计		
开发支出			所有者权益：		
商誉			实收资本		
长期待摊费用			资本公积		
递延所得税资产			减：库存股		

续表

资产	期末余额	上年年末余额	负债和所有者权益	期末余额	上年年末余额
其他非流动资产			盈余公积		
非流动资产合计			未分配利润		
			所有者权益合计		
资产总计			负债和所有者权益总计		

利　润　表

编制单位：　　　　　　　　　　　　年　月　　　　　　　　　　　　单位：元

项目	本期金额	上期金额
一、营业收入		略
减：营业成本		
税金及附加		
销售费用		
管理费用		
研发费用		
财务费用		
加：其他收益		
投资收益（损失以“—”号填列）		
公允价值变动收益（损失以“—”号填列）		
信用减值损失（损失以“—”号填列）		
二、营业利润（亏损以“—”号填列）		
加：营业外收入		
减：营业外支出		
三、利润总额（亏损总额以“—”号填列）		
减：所得税费用		
四、净利润（净亏损以“—”号填列）		
五、其他综合收益的税后净额		
六、综合收益总额		
七、每股收益：		
（一）基本每股收益		
（二）稀释每股收益		